U0045216

天下文化

BELIEVE IN READING

Revitalization

何培鈞的九個創生觀點

你想活出怎樣的小鎮？

何培鈞、楊麗玲 著

BWL079

Contents

3 熱鍋裡的創造力

4 克服銷售懸崖

5 不麻煩的科技

6 敏感又專業的雜事

7 孩子的視野，地方的教育

8 小感動，大故事

9 從亞洲看地方

各界讚譽

很多人被何培鈞創辦「天空的院子」的故事感動，而開始走入台灣偏鄉，觀看自己生長的土地。這位當年剛退伍的小伙子並沒有停下腳步：從山上的民宿到「小鎮文創」；從老行業的振興到科技應用的社區導入；從廢棄車站的活化到台西客運終於重返竹山老市區；從讓世界年輕人走入竹山到竹山經驗輸出日本、馬來西亞……十五年來，他不斷為台灣地方能量帶來驕傲與驚喜。

地方創生從來就不是浪漫甜美的故事，更不是只憑熱血就能克服一切困難的神話。它需要理想、觀點、行動、能力養成及永不熄滅的熱情。而培鈞做為地方創生的先行者，也是我所僅見從不停止思辨、學習及提出解決方法，並能付諸實現，在挫折中不斷摸索前進的人。

謝謝培鈞願意分享他這些年的心得，並濃縮為九個創生觀點。書中帶給我們的是思考者觀看全局的洞見，更是實踐者在土壤裡揮汗提煉出來的珍珠。這是台灣送給世界的珍珠。

——王村煌／薰衣草森林董事長

對地方創生、文化創意、藝文設計等感興趣的年輕人，這本重磅級的作品非常值得推薦。培鈞一五一十敘述自己經手的大小案子，痛點優點在哪裡？全方面項次推演、展開論述、用心鋪陳。

因有著強大的同理心，培鈞為他人更為地方出發，高度與視野就不一樣了。在地蹲馬步的基本功，一方面深蹲踞守、穩健自己；另一方面更平台化、大膽發願與推進。

特別喜歡他把竹山描述成「一所地方風土孕育學校」。串聯在地居民、導入專業，吸引人流以創造收益，這是一門很深的藝術與哲學。對個人，培鈞期許設定自我目標，用一生時間去追求與實現，完整了值得致敬的人生態度。感謝培鈞，一直用這麼深刻的理念生活與實踐，知行如一。

——何承育／勤美學執行長

培鈞是我認識最熱血的大叔好友，他讓我看見台灣地方創生的偉力，我從他的身上看見「旗手」的魅力，他能點燃眾人的熱情，也能源源不斷給予自己能量往前。他把振興地方視為己任，立足小鎮，心向亞洲，他的超前部署和亞洲格局，讓我對他追求的地方大未來充滿期待。我衷心期盼，有朝一日台馬兩地的地方創生團隊能有更緊密的交流和合作，一起來讓鄉鎮重新站在世界的舞台上。

——**卓衍豪**／P Lab 地方創生實驗室創辦人兼執行長（馬來西亞）

首次聽培鈞老師的築夢之路時，不禁紅了眼眶。閱讀此書，當時的澎湃再次湧上心來。他被認為是地方創生大師，但對我而言，他更是一位藝術家。他以行動凝聚了夥伴們，向他學習的年輕朋友，帶著他的動力到海外各地。他所創造的小鎮風景都是藝術作品。在他身上，我看見台灣巨大的創造力。希冀我也能將他藝術精神的種子，帶到日本播種、澆灌，在世界舞台上開花結果。培鈞老師，這位創生藝術家是台灣新一代的力量，亞洲的創生能源。

——**松村勳**／一般財團法人三和德育會理事長（日本）

常常會開玩笑說培鈞是「創生系心靈雞湯」，怎麼說？一位在地方奮鬥了十五年以上的人，仍能持續懷抱著夢想，行動上持續挑戰新任務。他從台灣中心南投跨出去，到東南亞、東亞，而後直達東北亞；在影響力上，不間斷透過社群媒體，定期散布「培鈞流」的心靈小語，鼓勵著後進，激勵著同道，向社會倡議。相信許多人應該深受激勵，更能永不放棄，堅守初心，帶著滿滿正能量，繼續在創生之路上前進。

這本最新巨作，承載著培鈞懇切的心念，與宏觀的見解，值得你我花時間來學習，在創生之路，攜手前進。

——**林承毅**／林事務所執行長・政治大學兼任講師

創業，本來就不是一件容易的事，何培鈞卻挑了一件困難的來做。從十五年前改造老屋打造了「天空的院子」，一路開創到竹山的地方創生，培鈞與「小鎮文創」的故事名揚到了國際爭相學習。但跟創業家學習的不是創業的「手法」，而是創業的「心法」。

培鈞的創業精神一直都是我學習的榜樣，透過這本書，不僅更深入透析培鈞的創業心法，更藉由培鈞的視野了解其他社會創業家如何實踐理想、用行動改變地方。將本書推薦給有志改變地方的熱血之士。

——**林峻丞**／甘樂文創執行長

培鈞憑藉著堅定的信念，用十五年歲月滋養、灌溉竹山這個小鎮，譜寫出屬於自己的生命樂章，播下地方創生的種子。這段青春歲月中，他不斷的學習、創新，讓竹山典範不僅在島內擴散，更輸出國際，是台灣的驕傲。「天空的院子」引起許多的共鳴，更是許多追求夢想者學習的對象。

培鈞的第二本書《你想活出怎樣的小鎮？》，可以看到他從竹山出發，跨越地域、超越領域的連結各地職人、達人，經驗交流、學習成長，成功的為竹山的ＤＮＡ加持。愈在地、愈國際，愈偏鄉、愈數位，培鈞做到了。他是我在國發會推動「地方創生國家戰略計畫」的實踐者。這本書值得細讀、品味及珍藏！

——**陳美伶**／前國發會主委

二〇一九年，我們一行三十多位順德青年企業家造訪「天空的院子」，不禁為何培鈞先生對夢想的堅守而感動。他扎根於鄉村，為弘揚本土文化和鄉村可持續發展貢獻自己的力量，並帶動一批又一批有志之士回流鄉村，十分令人欽佩。這個美好的故事以不同的形式打動許許多多的遊客，更讓懷揣夢想的追夢者為之動容。本書是他積累多年的結晶，講述了他和他所接觸到的大量實戰案例，還有自己實踐過程中獨特的思考，非常值得收藏。我與何先生結緣於「天空的院子」，緣續中國南粵大地，深切期望小鎮的故事在我們的鄉村振興中熠熠生輝。

——**陳浩然**／廣域集團董事長（中國大陸）

從一座院子開始到影響整個小鎮，從風靡島內市場通往亞洲海外推廣，看著培鈞頭也不回的用著自己從台灣土地上找到且相信的價值，試驗每一個計畫，並將其視野放到未來眾人尚未看清的地方。我們能從一個個與他接觸到最後合作的人身上看到，他們最終都成為小鎮計畫中的一分子，因為被感動不已而從此追隨認同著。我特別喜歡書裡的一句話：「請至少堅持十年以上吧！」當一顆種子被翻土撒下，總需要時間照顧澆水等待發芽，慢慢才能長大，成為那庇蔭後代的大樹吧。

——**游智維**／風尚旅行・蚯蚓文化　總經理

閱讀何培鈞這本新書，像是在欣賞一部紙本型式的紀錄片。它真實與誠懇的記載何培鈞十五年的創業過程，一段他自稱「倍感幸福的人生階段」。更精采的是，此書同時還側寫了一群同樣為台灣這塊土地辛勤耕耘的人物與組織，包括陳永興建築師、薰衣草森林、勤美集團等。何培鈞致力於倡議「小鎮文創」發展模式，本書九個篇章，從章節標題到故事案例，引人入勝的內容帶領人們得以充分領悟何謂「小鎮文創學」，共同為這十五年所淬煉出來的成就喝采！

——**劉維公**／東吳大學社會學系副教授

培鈞以竹山小鎮的振興為目標，從文化、產業、生活、人口……等千頭萬緒的問題中逐步梳理出條理，打造溝通協調、建立共識、永續發展的營運系統與平台，建立可參考的模式，甚至到不同國家合作，是非常寶貴的經驗。最難可貴的是，培鈞總是從容不迫並樂於分享。他能將快速產生、流動的資訊系統化，不斷加入多元面向的思考與創新，持續保持對問題的敏感度及省思的能力，十多年來不改其志，持續放大影響力，是同儕及後進的學習對象。

——**鍾俊彥**／范特喜微創文化創辦人暨總經理

年輕人，是改變世界的風。

作者寫下自己的故事做為起點：「人」帶著信念回到了土地，在探索不同可能性的時候，造就改變了地方。

希望未來的地方創生，可以少一點「為了現實而妥協理想」，而多一點「有了現實的協助而實現理想」，這是我們正在做的事。

——**龔明鑫**／國發會主委

自序

從小鎮出發，與國際接軌

何培鈞

我在極度忙碌的狀態之中，還能完成這本書，在寫序的當下回想起來，真是深覺非常慶幸與感恩。

今年六月三十日，我們剛結束在嘉義市舉辦的二〇二〇年第一屆「台灣地方創生年會」。這個活動最早主要由「甘樂文創」的林峻丞，以及「林事務所」的林承毅籌備，同時邀請「旅庫」邱明憲、「幸福果食」廖誌汶、「台青蕉」王繼維、「樹冠影響力投資」楊家彥、「鹿港囝仔」張敬業、「茶籽堂」趙文豪，加上我，九位發起人共同倡議，號召全台對地方創生有興趣的產官學研各單位來共襄盛舉。

這是民間發起、由下而上自發性的盛會，在許多單位的贊助與協助之下，居然集結了八百多位老中青不同世代，為台灣的創生發展方向，尋求新的可能，也試圖凝聚眾人，成為一股新的力量。

整場年會的氣氛非常熱絡，我們發現，台灣的「地域振興生存戰」需要更宏觀的視野與更細膩的心思，引導大家進一步理解，而非僅從青年返鄉的產品、設計、行銷、創業等議題去發展。地方創生需要的，可能是地方生存支持系統建構理論與實作基礎。

然而，面對錯綜複雜的地方治理議題，又該如何培養更多創生人才？我們不能停留在探討問題的階段，我們需要帶領更多有志之士，積極熱情去探索議題背後的精采答案。

我站在年會舞台上主持時，望著台下上百名青年朋友，聽著他們一句句充滿力量的話語，大家都散發著無與倫比的光與熱。這樣的民間動能，積極引領著台灣社會下一個前進的方向。我們必須將台灣社會團結與凝聚起來，並從亞洲視野來看地方發展，思考如何萌動台灣地方的創生價值。我們懷抱著台灣土地滋養我們的愛與善意，促進海外城鄉議題的合作，媒合海外人才流動，共創亞洲的美好未來。

近幾年，我在海外進行許多合作與交流，意外發現，台灣的鄉鎮創生經驗，具備與國際接軌的契機。因此，萌生出把竹山小鎮發展成能與亞洲接軌的實驗場域，讓更多海外人才、觀點與資源，回到竹山。這對鄉鎮的未來想像，或許是不同的里程碑。

回顧這十五年來在竹山發展至今的不可思議人生，實在受到太多人給予的祝福與呵護，我才能走到今天。誠如母親對我的殷切叮嚀，「要永遠記得社會大眾對我們的深切期盼」，因此，我深深期許自己，在工作上、生活中、家庭裡的身體力行與深刻體悟，能為大家帶來更多熱情與勇氣，更能帶給台灣社會實質的貢獻與關懷。

第一章

信念這回事

持續一件自己認同的事情十年以上，

那就是信念。

人的一生，如果懂得把時間留給自己，而非浪費在滿足社會對自己的評價與意見上，信念將自然而然的產生。

無論是一棟透天民房、一座百年古厝、一處斑駁的鐵皮屋、一條常民街區，或者一個地方小鎮，從台灣地方發展經驗來看，場域價值與魅力的建構，不能僅局限於有形的空間呈現。最重要的，是空間承載的意涵內容、隱含的無形價值，以及背後的一切象徵。

場域猶如載體那般存在著，活動於其中的人、事、物，共構而生的自然環境、文化生態、地方產業到風土資產等，匯聚成獨特的個性。當造訪者進入場域，便會接收到強烈的訊息，進而被感動、被觸發，產生認同、關心與互動，甚至進而參與並成為其中的一分子。

因此，在場域經營的長期過程中，信念確實扮演著關鍵角色，影響經營者的決策與處事態度。如果無法深刻理解，那麼，即使延請國外知名建築大師來

你是為了自己的信念而做，
不是為了他人的評價而忙。

蓋一棟美輪美奐的建築，也不過是移植大師的理念與作品，硬生生扎在這塊土地上，成為一處傲然卻孤立的存在。

從夢想到實踐蛻變

我回想起十五年前，人生第一個作品——「天空的院子」。

若從建築硬體來看，它不過就是一間民宿。然而，打從一開始，我就不是為了開民宿去開民宿，而是為了保存傳統文化價值。我努力扮演民宿的管家，讓民宿不淪為賺錢工具，而是展現其為振興文化重要載體的使命，讓造訪者親身探索其中意涵。

大二那年，我在海拔八百公尺的竹山山林之中，偶然發現一座百年古厝。那時我強烈意識到，在經濟高速發展的過程中，我們可能忽略了、遺忘了重要的地方文化價值。我們出國旅行，總會在日本、歐洲的城市與鄉村中遇見各種獨特風貌，他們的地方文化大多保存得相當完善。然而，台灣的發展卻非如此，城鄉間至今仍存在巨大落差。

這不禁讓我強烈省思：我出生在一個最好的年代，但它卻有著最諷刺的社會狀態。我從自己有限的視野出發，漸漸延伸聚焦成對美好未來的渴望，深刻期許自己有朝一日能重建失落的文化，讓這些無價之寶成為未來人類共同關注的議題。

信念的種子在大二那年悄悄萌芽，慢慢醞釀發酵。退伍那年，我在許多親友的指責下，背負著整個家族的輿論壓力，舉債創業，與表哥兩人貸款買下在他人眼中形同廢墟的古厝。自幼喜歡建築，長大卻被迫從醫的表哥，當時也正式向醫院提請長假，表兄弟倆胼手胝足，歷經一年山中修屋的艱苦歲月，終於打造出屬於我們心中最美的夢想天堂。

一切，都是從「天空的院子」開始（©賴永祥）

然而，修復一座雜草蔓生、荒廢已久的百年古厝，又要長期維護古厝的樣貌，談何容易！為了彰顯古厝文化價值的初衷，我必須想辦法讓前來的遊客停留久一點，遊客才有足夠時間發現文化之美。如此一來，似乎只有經營民宿一途了。

我將百年三合院落命名為「天空的院子」，致力成為民宿的文化經營者。這是我對社會的使命，也是我人生非常關鍵的決定。

不過，民宿最初真是慘澹經營。民宿所在的竹山鎮大鞍社區早已沒落，初出社會的我也曾幾乎付不出貸款，還經常得一個人整理九百多坪園區、所有的房務、跑遍所有可能的業務……。

整整三年時間，嘗盡各式嚴峻考驗，歷經無止境的打擊與沮喪。夜深人靜時，孤獨的身影，映照著百年古厝的寂靜，成為我內心理性與感性間糾纏的進行曲。

與其師法他人的成功模式，不如探討為何歷經多次失敗，他們仍能堅定向前。

今年，是我在竹山創業的第十五年，回想草創時期那三年遇到的無數嚴厲考驗與挑戰，一切仍歷歷在目。

但直到今天，我從未有過任何放棄、妥協與退場的念頭。為何人生可以活得如此篤定坦率？因為，我不只是經營民宿，而是為了文化保存。我必須讓這件事情的意義延續下去。

看到地方的美好

然而，在現實人生中，初衷與格局如何並進？心中的思想與態度又如何實踐？這其實不難。當我們嘗試學習不單只從個人利益考量來看待每一件事，而是從在地、為他人設想、具備同理心出發，這樣的視野看到的世界、所做的事情、發展的高度，也將截然不同。

以民宿經營來說，當你關注的不再只有個人利益，而提升到人與人、人與社會、人與地方之間的美好關係，透過細膩的觀察，經由文創、設計、科技等多面向行動，將在地議題轉化落實，呈現在空間之中、融合於旅遊行程之中、展現於體驗之中，那樣的意義和深度，將帶給參與者更多想像、感動，進而醞釀、孵育出無形的共識與價值。

相反的，若一味在公式化、模板化與制式化的架構下，抽離地方美好的核心價值與感動能力，那麼，無論是經營一家民宿、一間餐廳，或者是設計一個遊程、一種產品，恐怕就難以對消費者提出訴求，容易陷入雷同與缺乏特色的困境之中。

無論是個人生活的形塑，或是創業運營，如果能打開胸襟視野，關心周遭，感受抬頭看見的天空、腳下所踩的土地，你會發現，處處都是豐滿的契機。學習創造、挖掘無形的資產價值，就能轉化出成長的動力。

不是為了幫助地方而來，
而是為了探索自己而去。

從天空的院子到竹山小鎮

在「天空的院子」草創階段，民宿的諸多耗材品項細瑣繁雜，經驗不足的我不得不仰賴網購的便利，從棉被、拖鞋、床單、盥洗用品等民宿標準備配一次購足。但這樣一來，民宿也無法凸顯自己的特色。

當每間飯店、民宿、露營區都使用相同耗材，都提供同質化的服務，也將同時喪失原有的優勢。因此，「保存生活文化」的初衷喚醒了我，應該努力發掘在地美好珍貴的生活元素，成為獨一無二的地方經典民宿。

於是，我們走向竹山小鎮。

竹山早期有「前山第一城」之稱，是蓬勃繁榮的中部大鎮。然而，九二一大地震後，卻快速蕭條沒落。其實，竹山仍保有許多傳統老店，延續之今。看著老店歲月斑駁的痕跡，傳遞著地方人文印象，我不禁認真思考，這樣讓人驚喜的在地文化產品，若能透過創新的設計重新詮釋，或許，民宿裡的耗材，都能在竹山本地生產。

後來，當民宿的寢具、桌椅等東西該汰換時，我們便與在地老店家討論產品微調設計，直接向他們採購。比如老街的爆米香、傳統米麩泡的飲品、百年打鐵店的刀具器物、竹工藝品、老棉被店等。

小鎮的老店——啟明米麩店（©賴永祥）

傳統在地元素慢慢進駐百年老宅，讓地方基因融入「天空的院子」，這樣的氛圍讓遠道而來的旅客獲得平衡、諧調、獨特的感受，也進一步與竹山小鎮產生更多有形無形的連動與串接，那不僅是空間上的需求對應，也像是與百年歲月的遙相呼應。

古宅裡的音樂會

有一回，國際知名環保音樂家馬修．連恩到台灣巡迴演出，希望投宿點能具有地方風情特色，南投縣文化局局長就推薦了「天空的院子」。馬修．連恩一行人入住那天，我如往常般的服務並解說民宿理念、住宿需知。

晚餐之後，我們在三合院落屋前中庭播放「天空的院子」整修紀錄片，由我親自介紹，當時是如何將廢墟般的百年老宅保存下來、修復成現在的風貌，大家都被深深的震撼了。馬修．連恩說：「在我的家鄉，還沒有一個二十六歲的年輕人做過這樣的事。我們可以為這座百年古厝，獻上一場音樂表演！」大家就將公務車上的樂器搬下來開始彩排。那樣戲劇性的一刻，無預警的在我面前真實發生了！

馬修．連恩及其工作團隊，就在「天空的院子」質樸的中庭廣場上，展開即興演出。在那遠離塵囂、海拔八百公尺的偏僻山區，在那個月黑風高的深夜裡，樂音旋律時而悠揚舒緩、時而高昂振奮，震動八方，傳向山林，迴蕩四方。觀眾除了鳥獸蟲蛙，只有我一人，靜靜坐在那裡。

這是一位音樂人，對一件事情表達感動與致敬的真情流露。

這是一位年輕人，對一座古厝表達期盼與態度的人生實踐。

此時此刻真正察覺，原來經營民宿，能夠產生如此良善的共鳴，是何等幸福與感恩之事。

接著，「就是愛樂」唱片公司決定跟馬修・連恩合作，推出《天空的院子》同名音樂專輯。這張專輯入圍二〇〇六年「金曲獎最佳古典音樂專輯」。當時全台電視連播，於是主流媒體發現了即將倒閉的民宿，當天的高收視率轉化為民宿的訂房率，我們因此繳得起貸款，建立起自己的小小團隊。

我期待更多遊客來到「天空的院子」，在住宿過程中同時體驗從文化、社區到竹山小鎮的魅力，進而遊逛竹山小鎮，讓老店生意變好，帶動正向循環，凝聚共享共榮的氛圍。

串聯在地資源的小鎮文創

為了徹底理解竹山小鎮的人文美景，我們在竹山鎮上成立了「小鎮文創股份有限公司」，積極挖掘、尋出更多美好在地生活元素，轉化為生動有趣的產品、寓教於樂的遊程設計。如此一來，不僅「天空的院子」內容愈來愈豐

回憶停留在過去，
延伸到現在，又深深影響未來。

富，經營得有聲有色，在正向積極的互動過程中，許多店家也在各自領域裡愈做愈細緻。百年文化、百年空間的場域價值，也就不斷一起向上拉升、擴大，往外延伸。

這或許就是「天空的院子」備受青睞，吸引眾多海內外旅客來住宿、媒體報導的原因。

事後回想，重要的不只是民宿經營，民宿所傳遞的場域意義與價值，才是核心。對我們而言，無論談場域價值或地方創生，重點都在於文化、歷史、生態的維護保存，朝向友善環境、社會設計、教育導引的方向推進。那是一體多面的，既是不同範疇環環相扣，歸根究柢仍可視為同一件事，因著相同的起心動念與初衷。

偏鄉存在許多問題，我從不想刻意粉飾、營造美好假象。相反的，我與工作團隊多面向觀察，透過「小鎮文創」搭起橋梁，希望引起更多在地人共同關懷家鄉，把竹山小鎮的種種問題找出來，直接面對、倡議，進而融入在地遊程設計。

我們期待來到竹山的遊客，在專業引導下化身為社會學家，體驗、觀察、了解這座小鎮的問題，進而參與解決地方困境的行列。與此同時，也等於建構了一處平台，藉以銜接不同的空間故事，容納多元內涵、百家共鳴，而居民則逐步共享商業成果。

小鎮生活態度

民宿提供的家具、餐具、點心、食材等，都是在地店家經過新的設計，重新融入房客的體驗之中。每個細節、每種物件、每件設計，都是居民用心製作出來最好的產品，提供給旅客，成為竹山小鎮最美的心意。那樣的小鎮生活態度，也一定會是旅客欣賞到最美的感動角度。

民宿裡的耗材物品，要不要與地方合作？大部分人聽到，一定都說要。可是進一步探討：在地生產，究竟讓民宿的採購成本增加，還是減少？讓人驚訝的是，在地採購成本比較高。因為鄉鎮產業多是微型小量，而非大規模量產，成本相對比較高。想支持在地產業，也會面臨運營成本的矛盾立場。

因此，我們想出一個對策，就是來住宿的旅客，若喜歡民宿提供的物品，可以透過手機掃描產品的 QR Code，看到產品詳細影音介紹，還能直接手機下單，等回到家，貨物可能也送達了。

民宿的下一個階段，應該要成為鄉鎮地方產業集結振興的平台，就像是有房租收的ＩＫＥＡ。所有東西旅客都能充分使用，創造使用者的美好體驗，成為創新市場運營方式。

民宿的實體空間只是載體，重點是如何將在地最好的文化元素、生活態度、人文精神底蘊等融入空間之中，透過美好的詮釋與轉換，傳達某種核心價值、使命感，乃至社會實踐的理想。在這樣的基礎之下，發揮載體的魅力和價值。而這樣的魅力與價值，看似無形，卻將有形的價格或說商業利基包含於其中，一併被創造出來了。

竹山光點小聚

從民宿經營、社區活化累積了寶貴的經驗之後，我們還可以做哪些事？其實地方上有太多有待挖掘、省思的題目，等著我們去雕琢、整合與發現。比如說，讓團隊扎根竹山小鎮、深化發展，於是，我們就在鎮上成立「小鎮文創股份有限公司」。

「小鎮文創」主要是在竹山鎮上建構一套經營地方內容的運營平台。為了理解地方價值，我們首次嘗試將地方平台概念，導入未來的經營方式，對原本經營民宿的我們來說，真是吃足了苦頭。

必須先知道自己在做什麼，
別人才知道我們在追求什麼。

當時很多夥伴都強烈反對，認為只需要透過民宿，經常舉辦地方活動就可以了。但是，若不舉辦活動，我們跟這個地方就沒有關係了嗎？如果竹山成為我們的第二故鄉，我們能真心為故鄉無怨無悔的付出嗎？

經過多次驗證與學習，發現兩者之間截然不同。我們必須將實務經驗轉化為可長期持續推進的工作方法，才能擴大團隊組織學習與運營能量，通過時間的考驗。「竹巢學堂」的「竹山光點小聚」因此成立。每個月最後一個星期五晚上七點到十點，鼓勵竹山居民自發關心故鄉，今年已邁入第八年，風雨無阻、從未間斷。

從第一場只有四個人與會，到現在滿場民眾，中間所投入的心法，就是不計較為何最初只有來四個人，而是思考「這四個人為何而來」，以及「如何讓更多人來」。

將視野放在未來，而非眼前的困境，就是在竹山小鎮生活的重要信念。

歡迎提供腦汁來換宿

透過「竹山光點小聚」，居民主動提出家鄉振興計畫，我們藉此蒐集竹山居民的想法，了解居民實踐計畫時需要哪些資源與協助。例如，有些居民需要人幫忙做設計、找通路、做影片、架網站等。

但是需求愈來愈多，終於超過「小鎮文創」團隊負荷。我們望著剛承租下來的偌大透天房子，這麼大的空間，如何轉化出更多能量？幾經思量才體認到，鎮民最迫切需要的，是各種專業，而專業卻是最昂貴的。因此，若能善用低房租的優勢，吸引擁有專業的人來免費住宿，以交換昂貴的專業服務，就太棒了。

於是，大家立即著手提供青年朋友專長換宿的服務。我們在鎮上承租了一棟閒置的透天空房，共兩個店面近百坪，當時月租才七千元，整棟房子可住大約十五人。所以，投入裝修成本之後，七千元月租換來十五個人力、十五顆腦袋與十五種專業，將沒落小鎮的廉價租金轉化為高價的專業能力，確實划算。民眾在「竹山光點小聚」提出問題，就可以透過專長交換平台，募集到合適的人才。

「小鎮文創」自然而然轉型為竹山在地與外地的中介者平台。爾後，我們每年都能在竹山小鎮推出地方主題人物、產品故事，與家鄉深具啟發的故事，讓更多人能因這些動人的在地故事，持續探訪竹山。

我們運用小鎮創生的孵化系統，呈現竹山小鎮的場域價值與魅力，建構能持續發展的生態系統。這也是台灣鄉鎮創生中，一種特殊的發展模式。

從山上的「天空的院子」，到鎮上的「小鎮文創」，這一連串無止境的過程，都曾帶給我巨大的壓力、極大的痛苦，然而，也造就了我人生的豐美與成長。我也曾迷惘，這麼艱辛的人生，究竟，要傳遞給年輕朋友什麼樣的態度與精神？而我這樣的存在，在這個社會象徵的意義又是什麼？

眼睜睜看著愈來愈多人的人生流於形式，我內心其實是深感憂慮的。除了政府、社會扛起的責任，每個人都必須負責。我們正被飛快發展的社會壓迫著，用心呈現的事物愈來愈少，追求細緻、卓越的精神已慢慢消失，逐漸成為不懂得用心的機器。

我能努力傳遞的，就是不計代價，忠於自我的人生態度與想法。大人要勇敢扛起責任，用心去活，展現值得給下一代思考、體悟與觀察的人生。這是我們唯一能傳達的心意，也是彌補對孩子的虧欠。

大象與水牛

台南後壁的土溝村，有一座傳統三合院落，「水牛建築師事務所」就安身其中。主持人陳永興建築師，努力顛覆世人對建築師的傳統印象。他在此長期投入鄉村地域環境的發展，也探索鄉村做為創作基地的可能性。

當年我們承租下竹山台西客運車站，準備活化這個空間時，在東海大學羅時瑋教授的引薦下，認識了陳永興建築師。初次見面，雙方對地方文化保存與竹編工藝的想法就非常契合。

我們在台西客運車站的整建改造方案中，累積許多默契；接著，我們又投入中國大陸鄉村振興項目，從湖南常德、浙江寧波到廣東順德等地，建立起深厚的革命情感。

陳永興建築師一九八五年畢業於東海建築系，在金門服役兩年後，加入日本象集團，於「宜蘭冬山河風景區計畫」初始就參與其中，那是當時陳定南縣長任內開創的大型計畫。

雖然許多年輕同事受不了經常熬夜加班而離開，但看著前輩用心完成這個計畫的藍圖，他更下定決心，無論遇到多少困難，都要完成。在象集團那段時間，受到團隊理念的影響，因此他立下成為優秀建築師的決心。

後來，象集團事務所決定在台南新增一個據點，陳永興就到台南協助開拓新的業務。幾年過去，集團在運營考量下，決定結束台南的據點，讓所有員工回到宜蘭，他則決定留在台南後壁土溝村，並成立「水牛建築師事務所」。他常說，這有如「大象生出水牛來」，大象與水牛都有自己獨到的節奏，雖然緩慢，卻非常穩定。

他思考，台灣不大，高鐵更拉近了南北之間的距離，把事務所設在土溝村，不僅能以鄉村做為觀察城市的基底，在鄉村累積的經驗，還能放眼台灣各地。這樣的鄉村建築師事務所，對未來建築師移動能力的想像，將有截然不同的影響。

在象集團的工作經驗，帶給陳永興最大的啟發，基本原則是「追隨地域、建築、集團設計，創作不是個人的事情，是一個團隊模式」。這是象集團的理念，也是創辦人早稻田大學建築系教授吉阪隆正的信念。從那時到現在，「水牛建築師事務所」依然深信這句話的影響力。

鄉村裡的建築師事務所

「水牛建築師事務所」每年都會在社區裡進行自力營造的工作，暑假期間則招募大學生或社會人士，到土溝村體驗人與人、人與地方之間的建築關係。可以看到，在一處偏遠農村，一個十幾人的建築團隊，在社區累積許多作品。這樣的努力，對土溝村的長遠發展是非常重要的。

有時，我從竹山開車到土溝村拜訪，抵達當地已是夜晚。遠遠望去，無際的黑暗中，唯有一處老厝燈火通明，許多年輕人埋首創作地方理想，這樣的情景總是讓人產生巨大的共鳴與感動。他們有自信，讓事務所在偏遠的農村，展現如此的耀眼與光芒。

我與陳永興建築師是密切合作的夥伴，也是忘年之交。我們的生命經驗有許多交集之處，幾乎無話不談。近幾年，他常受邀到中國大陸各種主題的鄉建論壇，分享台灣建築經驗。在農村耕耘十年的建築師事務所，積累出土溝村

鄉村裡的建築師們（©陳永興）

一場又一場美夢，這樣的精神與毅力，總能讓台下聽眾熱淚盈眶，掌聲不絕於耳。我們則把掌聲，轉化為省思的聲音。

台灣的建築環境愈來愈不理想，主要是法規與專業之間存在著巨大的隔閡。許多建案被蠻橫法規框架住，最後格局不免流於形式。

建築師在與各單位反覆協調溝通的過程當中，熱情也不斷消逝。如果無法為下一個建築世代帶來正面積極的發展環境，未來的建築師將何去何從？這是陳永興心中深深的憂慮。

至今，他仍不用繪圖軟體，堅持手繪建築圖稿，主要是想維持溫度與手感，傳遞工匠精神。這就是為何他的事務所每年都能呈現讓人感動的新作品，這也才是具有影響力的事務所。

他曾發表過一篇短文，其中一段文字，讓我內心感觸難以言喻：

我想創造一個環境
讓年輕建築人能懂得真實的生活
透過觀察一年四季的自然變化
萬物的生與滅
農民的作息
歲時與節令
體會到生命的節奏感
也透過自力營造與勞動的過程
了解一個專業者要有同理心
能放低姿態
以建造自己的家的心情
來建造每個建築物
也因為是完全的參與
反覆的修正
流下汗水

來累積創作的能量
一種貼近真實生活的能量
這樣的過程
是深植人心
永恆的喜悅

持續一件自己認同的事情十年以上，我認為，那就是一種叫做信念的東西。信念本來就存在我們身上。只是，汲汲營營的現代社會，大家不再關注信念，只將眼光放在績效上。

大人迫於現實，經常要妥協，加上集體流於形式的不負責任態度，讓年輕世代也必須壓抑自己，與大人一樣無法展現自我，只能過符合社會普遍秩序的模板人生。如果大人嘗試從生活、工作、家庭當中，充分展現自己的特質，不也是讓信念萌芽的開始？但是，請至少堅持十年以上。

第二章

觀光是教育事業

將觀光提升為教育事業，

重新思考人與自然、土地的關係。

前進，其實不難，只要去做，
你擔心的事情自然就消失了。

我有相當充沛的熱情與毅力，不過在開展竹山的事業上，經驗仍然有限，也偶有無法清晰掌握的時刻。直到前年，與「薰衣草森林」的王村煌董事長多次交流後，我逐漸意識到，成熟企業的經營方法與架構思維，遠超乎我的想像，還有一段陌生與空白經驗，等著我去彌補。

經過王村煌董事長的引薦，我認識了「勤美學」何承育執行長。在向他們請益的過程中，我內心油然升起想要效法他們的篤定想法。

我們預見，台灣未來的觀光產業發展趨勢，應該逐步提升為將教育融入旅遊活動的產業。那麼，我們是否能將「薰衣草森林」、「勤美學」、「小鎮文創」在各地推行的計畫，從苗栗、台中到南投串聯起來，成為一份給華人社會富有觀光教育價值的獻禮？在某一次會議中，我們達成了這樣跨區合作的共識。

會議結束那天，我開車返回竹山，滿心期待又怕受傷害，憂慮自己在竹山這幾年來的準備不夠周全。但很快的，我改變了思考的角度：竹山應該積極正面看待這場合作，如何與大家融合、學習並藉以提升，是非常確定的目標與方向。我們想從這個地方，出發。

竹山老車站的華麗轉身

台西客運站就是一個起點。原本，老舊客運站的命運，可能如同許多散落在各鄉鎮的地方小車站，稍不留意就無聲無息的消失，從眾人的記憶中抹除，彷彿未曾存在過，不留丁點痕跡。所以我想活化這座建築，留下竹山人共同的記憶。

當我決定承租這座老車站時，如同當初翻修百年古厝那般，從工作夥伴到周遭親朋好友，全－部－反－對。老車站外圍的街道狹窄、停車困難，附近就是傳統市場，人車壅塞、環境吵雜，租下來能做什麼？

更糟的是，洽談時，台西客運公司老闆只願意出租二樓，而一樓（就是現在的「台西冰菓室」）的客運站還在營運。客運汽車班次極少，空間髒亂、喧鬧，還有一群久居於此的居民。這些地頭勢力豈容小覷？即使拜託里長、民代想辦法，也難以解決這些棘手問題。

我在母親與小舅的支持與鼓勵下，重新整合團隊，從頭開始規劃。投入每件事情，都會有一定的困難，而這件事情對我來說，難度並不亞於運營「天空的院子」。然而，我們如果連竹山鎮上最老的車站都無法守護，就真的沒有任何立場鼓勵更多人到竹山發展。只要這座老車站能夠存續，地方美好就能夠繼續。

自從竹山最老的客運站成功變貌活化營運後，開始有愈來愈多各地旅客前來一探究竟，甚至已成為到竹山必訪的特色據點之一。有些旅客表示，他們還想再度、三度造訪，下次經過附近時也願意特別繞路，到這裡吃些冰淇淋、買點小農產品，再到二樓餐廳用餐。

變貌活化後的老客運站（©菊式映像）

一樓候車大廳迴蕩著老歌溫暖的旋律，讓人重溫兒時等公車的珍貴記憶，想起那些被遺忘了很久，卻又一直存於心中的重要東西。

老車站陪伴竹山居民數十年光陰，承載無數遊子的濃厚鄉愁，也是在地人維繫情感的空間。幾乎每位竹山長大的孩子，都曾到訪這座車站，都說得出屬於自己的故事。

老車站具有特殊意涵，當建築被重新賦予新生命，居民都樂意與親朋好友，分享自己過去在車站、在客運上留下的無盡歡樂與淚水。一幕幕過往珍貴場景，印刻出竹山居民獨特的生命記憶。

從正面外觀看，這不過就是一座老車站。「台西客運」四個大字，還大剌剌原樣鑴著。然而，重生的老車站漸漸成為竹山的新地標，許多事似乎也在悄悄改變著……

如果別人的幾句話就能影響你，你得去尋找決心。

竹青庭人文空間

早期的台西客運站，一樓是候車大廳，二樓是司機的宿舍。後來一樓聚集許多遊民，環境較複雜，所以我決定先活化二樓空間，在這裡開一家具有竹山特色的餐廳——「竹青庭人文空間」。當時同事都極力反對，甚至拒絕調到這裡工作。大家都認為竹山鎮早已沒落，經營會非常辛苦。

的確，如果只做竹山居民的生意，餐廳肯定無法生存。必須拓展市場，讓全台，甚至海外旅客都願意到訪。立下這樣的發展格局與心胸，才能堅定前進。

於是，我們邀請「水牛建築師事務所」的建築師陳永興設計規劃，並邀請工藝家蘇素任，以被稱為「亂編法」的工藝技巧，親手將竹山當地五千五百多條竹篾，一片一片編織、融入這個空間裡成為主視覺。當竹編轉化為工藝建材，竹山的竹子就不再只是「編一個竹籃多少錢」，未來談的，可能是「竹編一坪多少錢」，為竹工藝產業創造出新的想像空間。

竹山鎮的竹製產業，受到中國大陸、印尼、越南進口竹製品的低價衝擊，市場低迷已久。

我們必須對竹製產業有不同想像，才有辦法轉型。因此我們嘗試將竹山竹林融入客運站二樓，讓竹編工藝進入室內。餐廳也盡可能與當地農產結合，一頓餐點，從產地到餐桌，空間、工藝到農業，都有當地的積極參與，也解決了地方上非常多的課題。

台西冰菓室

因為長期在竹山小鎮蹲點所累積的良好經驗與形象，我們經常有機會與政府單位交流。經濟部中小企業處蘇文玲副處長就相當支持我們。當時透過「城鄉創生計畫」及中衛發展中心團隊的整合，讓我們有機會修復台西客運車站一樓空間，使老車站重獲新生。

竹編工藝融入老客運站二樓，成為特色餐廳（©菊式映像）

每個問題背後都隱藏著機會。把時間花在尋找機會，而非深陷問題之中。

然而，直到承租下車站一樓，並開始投入整建計畫，我們才開始思考如何與長期滯留於一樓候車大廳的居民溝通。他們久居於此，早已當這裡是家，現在忽然有個陌生人接手，自然難以接受。但是一租下這裡，租金的壓力隨之而來。面對這困難的考驗，應該盡可能避免強勢介入，轉而以和平共處的方式進行。即使擁有這個空間的使用權利，仍然要考量我們不只是要在這裡做生意，恢復竹山車站的美好樣貌、創造出讓居民心嚮往之的未來，才是努力的方向。

雖然懷抱這樣天真與浪漫的想法，但與一樓居民的溝通，還是常讓我處於緊張之中。為了解除這樣的困境，就得先轉化彼此對立的想法。於是我仔細思考與一樓居民的每次對話，不再用「我們」的立場，跟「他們」對話，而是把「他們」，也變成「我們」的一部分。

我拿出設計圖稿，邀請他們參與討論。我問到：「伯父您好，我們設計的桌子椅子的高度，您們坐起來舒適嗎？」他看著我和設計圖稿，臉上流露出些許靦腆，似乎感受到我們的誠意，有點難為情的說：「其實，夏天車站很熱，如果可以在天花板裝設電扇，應該會舒服很多。」那一刻，我彷彿看見一線曙光，陽光輕輕撒落在車站一樓的地面上，有種無與倫比的幸福感。

一樓空間的改造工作開始順利進行，木工師傅、水電師傅、油漆師傅、裝修師傅各自忙碌了起來。我們期盼這座車站成為一所地方風土孕育學校，影響在地與外地居民，讓大家自然喜歡上這個地方。幾個月後，終於完成一樓候車大廳的空間改造。

我們將老車站原有的傳統風格保留下來，有竹山地方文化元素，也局部融入新的設計，車站旁的圍牆彩繪竹山鄉村景致，散發竹山的物產特色。「台西冰菓室」就坐落於此，屬於開放式的經營型態，附近的老人家也常到這裡閒話家常。

「台西冰菓室」秉持著「把竹山竹林種在冰淇淋上」的理念，以桂竹製成冰

台西冰菓室的冰淇淋容器、湯匙與吸管都以桂竹製成（©菊式映像）

淇淋容器、湯匙與吸管，倡議永續循環的經濟價值，遊客吃完冰淇淋後，可以將容器等物品當成紀念品帶回家，完全不留垃圾。

大家來車站吃冰，同時守護了竹山的竹林。一樓候車大廳也成立了「小鎮農春」，與竹山地方小農合作，將在地最好的農產分享給大家，讓遊客直接跟小農交流與購買。

跨界竹山文化創生節

車站建築外觀終於修復後，我們把早已脫落的「台西客運」四個大字重新掛回車站大廳門口，不僅慶祝車站重生，也象徵守護地方的價值與態度。為此，我們決定舉辦一場「竹山文化創生節」，在車站周邊道路舉辦手作市集，讓手作與體驗融入活動之中。舉凡竹編、木工、書法、繪畫、刺青、茶道、手印衣服等，眾多精采攤位等著居民與旅客前來體驗。

此外，我們還計劃在車站一樓舉辦一場跨界餐會，採預約買票的方式，展現竹山在地食材的魅力。不過，該如何展現呢？

我腦裡浮現來自竹山的餐飲創業家周正弘，他是「奧弗愛帛有限公司」負責人，也是台中「Offer Oh 昨日花卷跨界好食」及「Offer curries 咖哩厚台灣茶咖哩」餐廳的老闆。他在台中高度競爭的餐飲市場上，展現異於常人的天分。

我邀請他的團隊回到竹山策劃一場「竹山跨界料理」餐會，他爽快的答應了。他表示，能夠將自己這幾年在台中創業所積累的經驗，帶回從小生活的故鄉，是非常難得的機會。

對於「竹山跨界料理」，他也有一套自己的觀點與邏輯。從菜單的設計、餐具的選擇、食材的準備、醬料的配方，甚至人物的故事，他在非常短的時間內，完成繁複的工作整合。

活動當天，上千名來自各地的民眾參與「竹山文化創生節」。候車大廳運用花草、蕨類、香菇與根莖類植物，裝置出自然庭園，添增許多美感，營造出放鬆的氛圍。餐桌鋪上桌巾，細膩的菜單與餐具的擺設，讓人彷彿置身於高級餐廳裡。周正弘親自主持，為預約付費的賓客講述每一道菜背後的竹山故事，並帶來精緻且獨特的餐飲饗宴。

他把竹山的筍乾爌肉放在孟宗竹器裡，散發著竹子的優雅芬香；傳統米糕用日式壽司形式呈現，帶來另一種細緻的感受。搭配竹山老字號醬油商精心釀製的醬料、喝著竹山在地出產的烏龍茶，一道道令人驚豔的菜色，讓大家讚嘆不已。賓客用餐的同時，由羅正樺團長帶領的台灣竹樂團，用竹製樂器演奏著一首又一首動人歌曲。

在這場活動中，場域自然美學、竹樂團演奏、跨界料理饗宴，以及周邊具有教育及體驗特色的手作市集，交相輝映出車站過去的熱絡榮景。一切的一切，顯得如此振奮人心。

促進遊客與地方的媒合

這麼多遠道而來的遊客蒞臨竹山台西客運車站，我們除了創造能吸引他們的活動，還能做些什麼？難道活動辦完，就這麼讓人潮散去了嗎？如何改善這樣的情況呢？這是我們籌備「竹山文化創生節」時的一大疑問。

我們應該更積極創造選擇的機會，引導遊客思考未來與竹山的連結，像是「就業」、「創業」與「退休移居」的意願，讓竹山有機會成為他們的第二故鄉。於是，活動當天還安排了「就業考察路線」、「創業考察路線」，以及「退休移居考察路線」。我們設定好各考察路線的集合時段，並安排好接駁車，就分梯次進行介紹。

第一場是「就業考察路線」，上午十點鐘集合。當時車站人潮滿滿，我乾脆拿起一個寫著「就業考察路線，請跟我來」的招牌，散落在人潮中的大家就自動靠攏過來了。我領著大家到有正職需求的商家，由老闆親自介紹，並說明徵人的需求，當然啤酒點心也是少不了的招待。過程中，大家提出許多有趣的問題，彷彿參加不同職業的體驗行程。這與一般正式面試場合相比，氣氛非常不同。

下午一點，是第二梯次的「創業考察路線」，這次吸引了十幾位年輕人報名。大家雖然彼此不認識，但都想知道，竹山除了租金成本較低之外，「小鎮文創」有哪些資源，能與未來的創業項目合作。我們請竹山房屋仲介業者帶大家去看看車站附近出租的店面。大家殷切問著各種房子相關問題，例如水電壞了怎麼辦？家具要去哪裡買？銀行能否提供創業貸款？似乎把房屋仲介當成創業育成中心，非常有趣。

下午三點是「退休移居考察路線」，我們與竹山的建商合作，介紹地方上幾個結合秀傳醫院遠距醫療服務的新建案，邀請醫院專家來跟大家說明，若是未來到竹山買房定居，不僅能享有良好的生活環境，醫療與健康也能獲得專業的照顧。

值得注意的是，大家對醫療環境非常重視。這也就是為何我認為地方創生的「區域範圍」，應該要有一個適合的標準與定義。

如果是「行政區」或「鎮」級的體系，地方能夠具備區域醫院的照護支持系統，將是較可行的創生發展區域範圍；如果下修到「鄉」與「村」，則將面對較大的困難與挑戰。把「鄉」與「村」，拉到「鎮」或「縣」的範圍連結，是值得考慮的彈性做法。

我們透過空間、產品、文化、工藝、生態、設計等跨領域專業整合，讓一座原本已廢棄的老舊車站，串接起地方迫切需要關注的議題，進而轉化成發展的契機。

車站的新生，落實了守護竹山竹林的理念，從竹林的自然之美，竹編的工藝之美，到竹山的在地產業之美。大家只要到訪竹山台西客運車站，就能意識到這裡的一切，內在有美，外在有美，人人的內心都很美。

最偏遠的咖啡館——薰衣草森林

空間，既是載體，本身也是一種藝術。如何形塑空間魅力、創造令人感動的美學體驗？絕不僅是視覺美感上的設計概念而已。更重要的，是所欲傳達的思想與核心價值，能否透過關鍵元素，自然而不造作的融入空間裡，讓人置身其中時，感覺愉悅舒適，並且對空間所傳達的美感留下鮮明印象。

此外，創造場域魅力的另一重要因素，是人。深度與溫度，往往展現在服務的細節上，透過與消費者對話、互動、細膩的服務流程，將核心內涵發揮得淋漓盡致。在這兩方面，「薰衣草森林」是我認為做得相當到位的團隊，以此建構出溫馨又細膩的慢生活美學、風格獨特的絕佳服務體驗。因為慢，而悠緩，而閒情，而身心安頓。

如今，「薰衣草森林」已成為企業集團，旗下品牌包括「薰衣草森林」、「好好」、「香草舖子」、「森林島嶼」、「心之芳庭」、「緩慢」，集團

不是因為喜歡，才有熱情，
而是為了克服難題，才需要熱情。

品牌甚至拓點至日本北海道，在住宿、餐飲以及旅創界中，被視為台灣重要的跨國企業典範標竿。

若追溯起這美麗故事的源頭，最初純粹起因於兩個女生對美好生活的浪漫想像。在花旗銀行上班的詹慧君，因為看到雜誌報導日本北海道的富良野，深為著迷，從此陷入紫色夢境；林庭妃在高雄當鋼琴老師，卻夢想開一家「有溫度」的咖啡館。詹慧君曾是王村煌（現任「薰衣草森林」董事長）的同事，林庭妃則是王村煌的表妹，橋因此搭起，兩個夢想相遇，一見如故，當天就決定攜手合作。

她們拿出工作多年的積蓄，各出資一百萬。

夢幻組合的首發據點，落在台中新社中和村，但這並非刻意，而是情非得已。區區兩百萬元，奔南走北、跑遍台灣，也買不起合適的土地。這股傻勁和熱情，感動了王村煌，說服父親釋出位於偏遠山區種檳榔的那塊土地。那裡就是傳說中「最偏遠的咖啡館」，但沒想到後來卻一夕爆紅。如果以商業眼光來評價，「薰衣草森林」地處荒郊僻野，交通不便、路況差、沒有手機訊號，競爭條件簡直糟透了。

不過，來到這裡的旅客，感受得到女主人的熱情與誠懇、對於自然與土地的尊重，在天寬地闊中體驗到美好生活的可能。一旦抽離出城市日復一日的熙熙攘攘，原本焦躁不安的心被山林深深觸動，身心獲得安定的當下，自然讓人迷戀起這裡獨特的風格與魅力。有人偶然在下午迷途撞進來，隔天又特別帶父母來；甚至有外國客人連續八個週末專程來訪。

努力換來的美好果實

那個年代，雖然已有網路，但還沒有導航，也沒有LINE、FB等社群，主要還是靠 E-mail 溝通。詹慧君寫了一封 E-mail，題為「最偏遠的咖啡館」，跟大家訴說近況、訴說夢想。這封 E-mail 快速播散開來，有些不認識的網友，在轉寄時還加上了普羅旺斯薰衣草田的照片。這樣的現象，或許反映著台灣已經準備好要接受這樣的美好生活。隔年春天來臨時，讓人意想不到的事情發生了。

那個農曆春節，兩個女生決定給自己放個假，大門一關，跑去苗栗玩，到別人的咖啡館觀摩兼休閒。但是早上十一點多卻被急 call 回「薰衣草森林」。現場滿是遊客，擠爆了的人潮真是令人難以想像。那時舊路還未拓寬，頓時交通大亂，警廣還特別透過廣播呼籲民眾不要再前往，結果反而引起更多人想一探究竟。

原來，在過年前不久，當時的總統李登輝到新社視察香菇廢棄物處理轉換為肥料的情況，約莫十分鐘就離開了。隨行六部SNG車沒事了，看到路邊「薰衣草森林」的路標，就循著路標引導開進來，兩個女生傻傻的點頭接受採訪。結果當日受訪內容竟成了春節特別節目。

加上那段時間，偶像劇「薰衣草」的預告片在電視上頻繁播送，很多人誤以為那是「薰衣草森林」的廣告。於是，迷途闖進的、順便來採訪的，加上偶像劇的推波助瀾，讓「薰衣草森林」聲名大噪。但若遊客來了，卻失望而返，後續效應肯定無法持續發威。她們把握住千載難逢的機運，關鍵仍在於自己每日不斷的努力。

挫折中的溫暖

「薰衣草森林」創立次年，王村煌先生正式加入築夢行列，以其專業協助經營。二〇〇四年六月三十日至七月六日，因敏督利颱風侵襲挾帶的猛烈雨量，造成中部、南部和東部發生嚴重水災，「薰衣草森林」受創慘烈，交通中斷，停水、停電，電話也打不通。

待風雨稍歇，王村煌焦急的前往探查，沿途樹倒、土石傾洩，踩過泥濘，攀

有時，人生的壞事，其實是好事。
那會迫使你成長、變強。

繩而上，平常一個小時能走完的四公里山路，足足走了三個多小時。當他終於抵達時，夥伴們衝了出來，幸無傷亡。

判斷眼下光景，短期內不可能營業，時逢暑假，冰箱裡塞滿食材備料，趕緊全數拿出來發送給附近的居民。政府雖在搶修道路，但營運前景堪慮，倘若拖上數月，員工薪水還是得照付，將來客源如何也尚難預料。大家沉重的討論，最後決議暫時停業。

停業公告一貼上網站，一時間竟湧入上千封信，表達深切的不捨與鼓勵。兩位女子的奮鬥故事、所追尋的圓夢歷程，究竟是如何感動了那麼多人？這種無法言喻的情感投射、不可思議的溫暖回饋，讓「薰衣草森林」堅強的從逆境中站起，在風災肆虐之後，懷著忐忑心情，嘗試重新開業。

一天，大批車潮忽然湧進，塞滿偌大的停車場，每一部遠道而來的汽車都灰頭土臉的沾蒙著厚厚黃泥。所有夥伴看到這一幕，幾乎淚崩。在一片忙亂中，一邊接待訪客，一邊抽空製作謝卡，悄悄綁在每部車上，表達內心滿滿的感動與感恩。這不正是服務業中，最讓人感動的典範嗎？

當商業模式提升到精神層面，能夠真實傳達出感動人心的力量，經營者與消費者之間的關係，已不再僅是買方與賣方，而是如同家人朋友般的相互關懷。人的溫度足以燃起內在熱忱，帶來更大的鼓舞與激勵，工作夥伴與顧客的不離不棄，讓原就懷抱美好生活夢想的「薰衣草森林」，更認真思考企業承諾與社會責任，關懷土地、友善社區，逐漸形塑其企業文化與核心價值，走出一條獨具特色的發展方向。

在風災後的甲仙拓點

追求獲利與照顧員工，是企業生存的責任與道德；但如何在兼顧理念價值的同時，成功轉譯出創造利潤的商業模式，則是一門藝術與哲學。長遠來看，這也是企業深化競爭能量、厚值戰鬥力的致勝關鍵。企業賺錢，將更有餘力高高舉起火炬，讓愛的光與熱遍照至更遠的地方。

二〇〇九年，八八風災來襲，受災嚴重的高雄甲仙，有三分之一居民選擇離開，但仍有一群甲仙人留下來為故鄉打拚。王村煌回憶，當時「薰衣草森林」創辦人之一的詹慧君正在榮總住院（當時她已罹癌五年，多次復發，常進出醫院），他去探望時，談及是否在甲仙拓點一事，詹慧君點頭支持。就在那一天，她往生了。

在公司內部會議上，許多主管從財報分析角度，紛紛反對在甲仙拓點。然而，當大夥兒一起到當地拜訪時，新住民與孩子的小小願望、甲仙國小拔河隊緊抓住繩子不願放棄的精神，卻深深感動了大家。

「若是為了賺錢，第二家分店不會開在甲仙。」秉持著關懷、陪伴、友善社會的信念，不是要再開一家「薰衣草森林」，而是以此為志工旅行基地。

在薰衣草森林裡，享受以在地食材製作的自然料理（©吳均凡）

他們希望協助當地恢復信心、吸引遊子返鄉，並藉此吸引更多人到甲仙玩，讓「人進物產出」，讓甲仙重現往日生機。因此，一開始就設定了方向和目標：不賣當地人原本已經在賣的東西、從主管到員工都優先聘雇當地人、以公司預算支持營運，並預訂五年後，待甲仙展現榮景就退出，把店交給當地人去傳承。

慢生活的哲學與美學

當想法不同、格局不同，做法也會不同。誠如王村煌說的：「台灣不缺一個平凡無奇的民宿。」

以其宿旅品牌「緩慢」為例，無論是「緩慢・金瓜石」、「緩慢・石梯坪」，都不僅著意於「在一個漂亮的地方，蓋一幢漂亮的建築，用一種好的服務接待客人」。其初心，無非是希望藉由民宿，讓旅人更了解當地。取義「緩慢」，明白傳達出慢生活的哲學與美學，當旅行太匆促，就會錯過許多，停宿在美好的地方，身心安頓、閒適悠緩，才能細細領略在地的生活史趣、人文生態的深度與厚度。

不同於一般商業旅館強調功能性、便利性等考量，「緩慢」系列民宿承襲著「薰衣草森林」的核心理念，選擇落點在遠離塵囂的偏遠之境。建築偏向樸素簡約，空間雖不華麗，但自有其風格與質感；交通不便，甚至被部落客形容「如果搭大眾交通工具，勢必得搭到海枯石爛才到得了」，但海內外旅客依舊絡繹不絕。

例如，在「緩慢．石梯坪」，採海菜對當地人而言，猶如「冬季奧運」，因為海水是鹹的，海菜現採即食特別鮮甜，所以採海菜時總得依著浪潮變化而拚命奔跑，於是就有了「冬季奧運」這樣一道菜。東海岸是黑潮、親潮交會之處，有著豐沛的海洋資源，阿美族稱大海就是他們的冰箱，人與自然、人與食物的關係，著實趣味盎然。

又如，位在山海交界的「緩慢・金瓜石」，為了設計菜單，請作家洪震宇帶廚師進行田野調查，拜訪退休老礦工，從早年礦工生活與工作情況中探尋創作餐點的靈感。據說日據時期採礦，下班時都會搜身檢查，有些礦工就以糯米紙包住金塊吞下肚來躲避日人的檢查，因此設計了以糯米紙包裹炸蝦球的菜式，感受昔時挖礦的「黃金歲月」；而九份當年最知名的酒家菜名為「五碗三」，意指五碗大菜三塊錢，也成為民宿晚餐、湯品內容和命名的依據。

在細細品嚐精緻料理的同時，親切的「緩慢」管家也說得一口好菜，一一解釋每道菜色與來龍去脈，讓食之美的體驗妙趣橫生、更加入味。

緩慢・北海道

遁世離群的山海鄉村環境、深度的田野調查、講究細節的料理、貼心的管家服務，結合文學、美學與在地生活學的旅宿體驗，讓「緩慢」系列民宿深獲

即使立場不同，
依然要互相尊重。

佳評，甚至拓點到日本北海道，在異國綻放光彩。

提到薰衣草之鄉，大家首先想到的往往是日本富良野，而「緩慢．北海道」則在富良野北方，約莫車程四十分鐘的美瑛。王村煌回憶，起初當地民宿業者和居民感到相當不安，擔心印象中「很隨興」的台灣人會破壞當地的寧靜；此外，日本人做生意講究人際脈絡，在未建立信任感前，當地廠商雖會禮貌接待，卻不願意出售食材。

幸虧多年前新社曾與富良野締結姊妹城市，富田農場當時的總經理（北海道觀光大使）浦田吉曾到「薰衣草森林」參觀，留下深刻印象。「透過浦田先生的推薦，蔬菜、水果、肉品廠商才願意售貨給我們。」王村煌坦言，緩慢很努力的融入美瑛，與鄰居互動，則是在實戰中磨合、建立感情：「有些華人遊客為取景，踩踏進農田，附近農夫氣憤來電要求處理，即使不是我們的房客，管家也很願意去幫忙翻譯、宣導觀景禮儀。漸漸的，農民反而覺得我們幫了很多忙，取得了地方的信任。」鄰居從不安，到和管家變成朋友，

「緩慢．北海道」的努力，也以實際評比，在北海道站穩根基，被日本最大訂房網站 Jalan 舉為全北海道第二名的優質民宿。

這樣跨越國界的企圖心與執行力，身為台灣業者的我們，能夠想像嗎？

「薰衣草森林」的團隊經營，源自兩個女生為了守護夢想的不顧一切，那種無怨無悔的追求、立基於同理心的細節安排、不斷的追求超乎顧客期待的感動服務，無論從空間、產品到服務，不斷的散發著務實與溫暖的精神。「薰衣草森林」已經為台灣，甚至是整個華人世界立下了彌足珍貴的典範。

勤美學的經典山城風格

「薰衣草森林」所發展出來的慢生活美學，是從一顆小小的夢想種子發芽，茁壯而成幸福的生態系，透過夢想（陽光）、文化（空氣）、生活（水）的滋養，發展以飲食、旅宿與文創選品構築而成的品牌體系，建立出一張幸福企業藍圖，進而產生更大的能量，去關懷偏鄉、扶植青創。而位於苗栗的「勤美學」則是以在地人文、職人精神、自然復育、融合多元藝術，重建人間樂園的可能與想像，期待發展出另一種結合大自然與在地人文底蘊的美學體驗場域。

位於苗栗的「勤美學」，原是知名藝人胡瓜主持競技遊戲型綜藝節目「百戰百勝」的拍攝主場地。當年，園區中大片歐式花園、水池造景和遊樂設施，曾風靡一時。

節目停播後，這座原名為「香格里拉」的大型遊樂園生意下滑，加上發生火災的打擊，漸漸沉寂。直到二〇一二年，由勤美集團接手經營。

不同於一般業者思維，勤美集團擁有了占地約四十公頃的老舊遊樂園後，並沒有快速整修、急著重新開幕，也沒有大興土木、進行開發。

不能只有解決問題的能力，
如何問出漂亮問題，也一樣重要。

在業界，勤美集團向來被視為最敢圓夢、熱中在地文創、支持文化與藝術的企業之一，許多人都對創辦人何明憲帶點浪漫、尊重人文與自然的理想主義氣息印象深刻。近幾年，勤美集團挾雄厚實力，不斷在台灣建置文創場域，執行人文與生態復育，成績有目共睹。而第二代的何承育，和父親同樣有著濃濃的文青魅力，做法也十分創新與獨到。

銜父之命，肩負重整「香格里拉樂園」重擔的「勤美璞真文化藝術基金會」執行長何承育坦言，起初父親何明憲曾經找來國際建築設計團隊，花了三年時間，規劃出一個擁有酒店、休閒產業的觀光度假村。然而，望著這張藍圖，勤美團隊卻十分猶豫，認為即使打造出一個國際度假村，也無法具體實現承購這座遊樂園時的初衷。

在深入田野調查後，發現舊「香格里拉樂園」的腹地，原是山谷中一片幽靜的田野，曾有九戶人家在這裡落地生根，以三合院為家，與森林為鄰，耕作果園、梯田、菜園，形成自給自足的客家生活聚落。何承育決定恢復到當初的純粹，重建這塊土地的環境生態、生活脈絡與人文精神。在他接手這座傳統遊樂園、創立「勤美學」後，非但不急著重新開幕，反倒剷平過去被認為最有賣點的一些建構，整理出兩公頃綠地，做為野外宿營的基地，其餘的土地，都著重於地方、自然與人文的「復育」工作。

一千零一夜計畫

這樣的思維，彷彿是在進行一場社會實驗，尋找一種新的想像與可能，創造新的人間樂園——香格里拉，不必到遠方尋找，因為香格里拉就在腳下、就在每個人心中。「里山」（源自日本，是包括森林、農田及社區的生態系統，居民能在其中生存，又能創造生物多樣性，是人類永續利用環境生態的理想。）的概念在他心中成型，進而啟動了「一千零一夜」計畫，重新思考人與自然、與土地的關係，請來建築師、農耕專家、地質學家、歷史學家，持續探勘考古，試著讓土地慢慢回到原有的自然風貌。

此外，在人文復育方面，則將這裡做為職人聚落，透過挖掘苗栗在地職人、邀請藝術家駐村合作的方式，希望達到人與大自然互利共生、發揚在地藝術文化的目標。

強調自然永續、職人精神、環境保育、在地文化、生活哲學，形塑了「勤美學」的核心理念，並將這些都融合、變成一種生活方式。「但如果一直講職人精神、環保生態，民眾是無感的。」何承育將之轉化為兩天一夜的旅創設計，串聯文化、工藝、生態、藝術、農業、飲食……等不同領域的當代元素，勾勒出兼具國際高度與在地深度的台灣生活美學場域，營造最接近自然、土地、森林的旅宿方式，將理念透過實際停留的生活體驗傳達出去。

所有的體驗之旅，大部分以親近自然的戶外型態為主，在森林裡摸索、自己劈柴、下田採農作物，也可以自己野炊做料理，甚至在田園裡以現採食材為自己烤披薩。同時，邀請各領域藝術家合作參與，遊客穿行於大地原野之中，或許遇見一場森林舞蹈，或許遇見一場表演藝術，或許與花藝達人一起在森林裡採集花草、共創花藝繁華天地，或許以採集的花草做成自然飲品，來一場美好的下午茶體驗，或許隨著攀樹老師攀爬上園區內的大樹，用另類視野重新認識自然，在平凡的自然當中，創造出讓人感到不同於以往的獨特生活經驗。

「勤美學」的旅創見習體驗之旅（從最初的「山那村」計畫，陸續又發展出好夢里、森大三個場域），推出以來就被稱為五星級露營生活方式，且高居最夯露營聖地冠軍寶座，一度掀起揪團狂潮。即使後來開放散客預約，依然一席難求，通常得提前兩、三個月預約，才有機會親臨體驗。

村長與村民共築歡樂天堂

如果只看到「勤美學」的外貌，而忽略了細節，是非常可惜的。頗值一提的是，何承育期望將園區建構成一個平台，帶動年輕世代的新生活運動，讓不同背景、不同學識、不同領域的人，在「勤美學」相遇、相知、相惜、彼此尊重、學習，讓在這裡的每個人都是「文化詮釋者」，成為與土地一起成長呼吸的生命共同體。

讓我印象深刻的是，一般旅創業者聘雇員工總以觀光相關科系人才為第一考量，但何承育卻廣開大門，員工可能來自中文系、森林系、昆蟲系、音樂系，或其他任何與觀光扯不上邊的科系。

來到這裡工作的年輕人，職位都叫做「村長」，而參加旅創見習體驗的遊客則是「村民」。每週有三天時間，村長可以在這裡做自己想玩的事，或許採集昆蟲、或許研究植物、或許觀察天文地理，另外兩天就帶團解說，有天文背景的村長帶村民夜觀天象，美術系畢業的村長就帶著村民玩畫、捏陶，來一場藝術饗宴。盡可能讓團隊保持開放的多樣性觀念，在地方累積不同生活方式與經驗。

看問題不能只有一種觀點，
經歷人生不能只有一種態度，避免流於形式。

變數帶來的突破與創新

到過「勤美學」的人，肯定對情天幕、森林浴所、山那春田、樹屋，以及矗立於大地的各種藝術構築留下深刻印象。

何承育笑言，要成就一件事，突破點往往就在問題本身。許多新點子，常是在遇見問題、見招拆招的過程中一步步解決、突破而創生出來的。

例如他接手「香格里拉樂園」後，規模最大的工程，就是拆掉舊樂園最招牌的設施，並找來國際知名地景藝術家王文志老師，將歐式花園復原為草地，建造出百米長的竹編隧道、巨型竹編裝置情天幕，這是許多人都知道，媒體也做過報導的，卻很少人知道另有隱情。

原來，拆掉歐式花園後，從門口下車到區內的第一間廁所，要走三百公尺，距離太遠，所以必須設計一座中途站，於是他請來王文志老師建構能與在地

勤美學在森林裡打造樹屋，讓遊客找回記憶中的童趣（©吳均凡）

生活美學結合的情天幕。原是為了解決問題，但情天幕完成後，卻成了「勤美學」重要的美學體驗場域。

又如「森大」，它原是座舊有水族館，由於在園區裡被廢棄最久，周遭環境宛如原始森林，若要開發整頓，將是最棘手、最傷腦筋的。但難題反成為它的特色，因為沒有路進去，就開了一條山路，途中有一座很大的觀音像保留下來，反而成為一條能深刻體驗人與森林關係，饒富趣味的遊程路徑。

「勤美學」的體驗之旅多數在戶外進行，而苗栗山區天氣變化莫測，為活動的進行帶來極大挑戰。突如其來的一場午後暴雨，該如何快速應變？晨起大霧籠罩，伸手不見五指，活動該如何進行？在在考驗著村長的心理素質與應變能力。

然而，由於每場活動原就是獨一無二的設計，加上種種無法預料的變數，反倒常使遊程益發妙趣橫生。

累積美好生活底蘊

「我們想創造一種有趣的生活方式，一種真正的村落，一種回到童真的人間樂園。」何承育認為，不同年代的樂園，某種程度反映了那個年代對理想生活的想像。例如早期的樂園樣貌幾乎都是歐式花園、城堡，那是世人對歐洲理想生活的嚮往；當時代改變，生活趣味也改變了，遊樂園轉而競相推出雲霄飛車、自由落體等機械遊樂設施，來滿足遊客追求刺激的需求；近些年來，以生態、人文為訴求的各類自然園區大量出現，也顯出這世代的人對於美好自然生活的渴望。

若從商業角度來看，無論是遊樂園、度假村或是觀光酒店，砸下重金打造，可能要三、五年才能開始賺錢。或許經媒體大肆報導後，帶動一時熱潮，但是當消費者失去新鮮感，除非再砸重金翻新設備與創意，否則就只能降價、惡性競爭，撐不下去就轉手賣掉，新接手的企業再砸重金大肆開發，如此循環持續下去。

但美好的生活內涵、文化底蘊卻是會累積的，讓大地休養生息，豐富的生態資源則能永續發展。或許，這也正是旅創體驗的新趨勢，並藉以吸引大眾的最佳利器。

密切與「薰衣草森林」、「勤美學」團隊進行深度合作與交流，對「小鎮文創」產生極為深遠的影響。

在這兩家上百人企業的工作方式中，我看到的是企業集團對於專業的尊重與包容。這或許與規模大小、成本與資源的落差有關，像「小鎮文創」這樣數十人的小型團隊，在無法擁有那麼多資源與預算的狀態下，通常得讓每個人承擔多樣而龐雜的任務，使得個人專業能力無法井然有序的發揮。

此外，我看到的是，這兩家企業集團規模雖大，卻有著細膩觀察與深刻省思的力量。這種微觀視角所創造出的巨大實務能量，在組織文化內部滋長，漸漸成為夥伴身上一種特別的人文氣質。台灣各地的地方創生團隊，初期規模雖然不大，也許能藉此讓自己具備格局與視野，來做積極的準備。

如果觀光產業提升成為教育事業，應該會創造出全新的境界。我們能分享給華人社會乃至全世界的，將不只是台灣的自然環境與多元美食，更是我們的生活態度、與土地融合的實踐方式。因此，若能從最初個人的信念落實到團隊發展的實踐，再從團隊延伸到企業經營模式，或許就能從「小而美」的特質，累積蛻變至「廣而豐」的境地。

可惜社會上卻也經常存在著規模經營的爭議，擔憂一旦企業發展規模化，就無法保持初衷。但若深入觀察，不難發現當企業持續努力投入，同時逐步調整與修正經營方法，整體規模就會日漸成長。換句話說，如果企業運用正確方法、持續努力不懈，規模成長是自然而然產生的結果。

當然，我並非鼓勵一定要追求規模化，無論規模是大是小，對社會而言都是珍貴與必要的存在。我關注的焦點，是團隊在所處的這個時代中，創造出了

薰衣草森林、勤美學、小鎮文創的夥伴各自在不同領域努力、攜手合作，創造美好生活（©菊式映像）

想遠離困境，必須放下妒忌，努力向更有實力的人學習。

什麼樣的價值與作品、留下了什麼樣的態度與視野，這才是值得討論的。

無論是「竹山小鎮學」、「薰衣草森林慢生活美學」或「勤美學森林學」，雖透過不同形式的豐富存在，呈現出各異其趣的體驗，但都有著相同而明確的核心理念，與對在地人文的深刻關懷——「一地風土，養一地人文特色」。若要問如何才能打造風格獨具的體驗，精髓就在其中。

最近，竹山「小鎮文創」、台中「薰衣草森林」與苗栗「勤美學」三場域正積極將彼此的價值，串聯成獻給華人世界的深度體驗內容，很快就會與大家見面。我常說：「所謂的觀光事業，其實就是一種教育行業。」我們會努力將最好的成果，展現在世人面前。

第三章

熱鍋裡的創造力

創造差異化、創新需求，

就能創造出新的機會。

台灣的設計，常在國際大賽中脫穎而出，佳績連連，讓人驚豔不已。

台灣從不乏創意，但要從創意發展為產品、從產品正式進入市場，卻是一段非常遙遠的距離。即使順利將創意商品化，也才剛剛站上商戰賽程的起跑線，接下來在市場競爭日益嚴酷的挑戰下，如何因應不斷出現的新產品、新競爭者、新運營模式，成功通過考驗而成為長銷產品？

因此，所謂的「優質產品」，並不僅僅是「得獎的產品」，更是「讓人渴望能夠擁有的產品」。

地方特色產品的品牌經營積累，能夠帶動當地觀光發展，在南投已擁有許多成功的個案與經驗。誠如到埔里會想到「18度C」的巧克力，到名間會想到「微熱山丘」的鳳梨酥，到魚池會想到「淡定紅茶」。然而，這些產品到底是如何通過市場考驗？又是如何升級成具有強大能量的地域品牌？值得深入思考與探索。

令人驚豔的服務體驗

南投竹山有著許多耐人省思的好例子，例如「車籠埔斷層保存園區」就是讓我印象深刻的地方。

一九九九年的九二一集集大地震，是台灣百年來災情最慘重的天災之一。災後政府投入地震相關研究計畫，委託台灣大學地質科學系陳文山教授主持「車籠埔斷層古地震研究」。研究團隊進入竹山山區進行斷層槽溝開挖時，發現現場保存了九二一地震當時的地表破裂原狀，而且槽溝剖面清楚呈現過去多次地震造成的褶皺與斷層構造，被認為具有高度學術研究及保存價值，因此國立自然科學博物館在這裡設立了「車籠埔斷層保存園區」。

園區一落成，我就去參觀了。當時對於館內地震後所保存的大型槽溝剖面地形印象極為深刻，難以想像地震時釋放出來的能量是如此巨大！一群人在幽暗的館內，聽著導覽人員用麥克風和雷射筆，與大家分享地質及地震相關知識。當時館內人數眾多，在一個定點待久後，難免出現吵雜的情況，導覽人員仍維持著專業與友善的解說。只是離開了園區後，導覽人員分享的內容與地震專業詞彙，我幾乎一點也想不起來。

之後好多年，我沒再進過園區。直到二〇一八年，在園區詹文碧科長的熱情邀請下，我才再次到訪。館內從一樓地質科學廳、二樓電磁視界特展，到斷層槽溝保存館，每個展示空間無論是知識呈現方式、互動體驗設計，以及導覽解說的內容，都有了截然不同的改變。

斷層槽溝保存館採用了數位光雕投影，透過數位投影設備，將專業的地質動畫，投影打在遠方的槽溝地層剖面上。影像出現的那一瞬間，立即吸引在場所有大人小孩的目光，全都聚精會神觀賞影片內容。這樣的場景，與我多年前的印象完全不同！

這部有著穿山甲卡通人物的地質動畫影片，真正可貴之處不在影片本身，而

地方發展並非一味投入硬體建設，
而要用心營造人與土地之間的感動與連結。

是背後長時間的觀察與精心設計，成功拉近了人與土地之間的緊密連結。影片播完，觀眾紛紛歡呼鼓掌，每個人心中都留下深刻印象。讓人對由政府設立的園區，有了更大的信心與期許。

同樣的，在進行產品開發時，許多人會全心全意聚焦於設計，在外形、美感與功能上尋求創新。然而，如果在過程當中，能夠花更多心力站在使用者的角度，謙虛的體察使用者真實需求，耐心的設計完整體驗，這種長時間所萃取累積出來的成果，往往能為社會留下寶貴的無形文化財富，也成就人生的重要特質。

園區的改變還不僅止於此，他們逐步深化地方合作，與鄰近機關、產業保持友好密切的關係。舉凡紫南宮社寮文教基金會、竹山秀傳醫院、內政部消防署訓練中心、附近十八所各級學校、竹山鎮公所、地方創生產業等，均有良好合作關係。現在，「小鎮文創」經常引導重要貴賓與訪客，前往「車籠埔斷層保存園區」參訪，大家也經常合作各種活動。

如果能透過大家獨到的觀點與努力不懈的心態，讓竹山小鎮擁有愈來愈多充滿魅力的地方，鎮上面臨的問題，終將迎刃而解。

傳統竹產業的嚴峻考驗

從產品研發角度來看，有些產品成功超越了既有的市場預期，因而創造出新的需求市場；有些產品則是先探尋出市場需求，再回頭研發能夠滿足市場需求的潛力產品。「竹籟文創」的賴彥池，就屬後者。

賴彥池是返鄉創業的竹山青年，因為洞悉當前市場需求，回鄉短短幾年，就成功翻轉家中式微的傳統竹編工藝產業，開創出大型竹編藝術創作的市場，成為揚名國際的創業家。

當年，賴彥池結束了在航空公司的工作，回到竹山，從父親手中接下「竹籟文創」的經營工作，也成立了竹編模組化的工廠。然而，他首先面臨的嚴峻考驗，就是如何振興家裡往日的傳統竹編產業榮景。他所面對的，不僅是來自中國大陸、印尼、越南的大量低價產品競爭，還有台灣竹製品需求的萎縮，更面臨竹山傳統竹編技術人才流失的困境。

因此，如何重新強化竹編工藝專業技術、找到合宜的市場區隔，一直是賴彥池回到家鄉後，與家裡長輩意見不同、對立，甚至陷入激烈爭執的課題。

在竹山小鎮，經常有返鄉創業青年跟我說：「培鈞哥，我實在無法跟長輩溝通。他們仍然堅持自己的觀點，不願讓我放手一搏。但如果他們真有辦法，又怎麼會落入現下的困境？」賴彥池也是其中之一。

當時，他發現竹生活製品市場已經充斥著琳瑯滿目的廉價商品，於是他下定決心，要讓家裡的竹編產業轉型。如果公司繼續開發過往那些同質性高、缺乏競爭力的產品，未來肯定走不下去。

竹編藝術也能模組化

二〇一八年，我受邀到台中演講，在大型建設公司老闆的私人聚會中，分享「小鎮文創」的經驗。這些老闆聽了我對「竹青庭人文空間」大型竹編空間創作的介紹，印象非常深刻，並相約到訪竹山。後來，一家建設公司正在籌辦台中花博場地，打算運用台灣元素打造一座在地、永續、共生的展館，特別找我商討合作計畫。當下我腦海最先想到的，就是「竹籟文創」。我趕緊致電彥池，邀請他與台中建設公司團隊到台西客運車站當面交流。

萬萬沒想到，那次舉手之勞的媒合，居然在台中花博的豐原葫蘆墩園區中，促成國際知名建築作品——竹跡館。竹跡館是由台中市不動產開發商業同業公會贊助，「坐設計事務所」建築師陳羿冲設計的作品，取材自中央山脈、種子、竹林，結合台灣特色元素與自然共生意象，由「竹籟文創」施作，運用竹編的特性與建築結構，建構出城市中的竹林之旅。這個作品更入圍有建築界奧斯卡之稱的「WAF世界建築獎」。

由「竹籟文創」施作的竹跡館（©竹籟文創）

如果不逼迫自己，
如何知道自己的極限在哪裡。

「竹籟文創」這塊招牌，從賴彥池原本每天焦頭爛額的創業煎熬，一舉成為國際知名的大型竹編裝置藝術專業團隊。事後我問他：「彥池，當時怎麼有勇氣承接這個極度困難的項目？」他若有所思的說：「培鈞哥，只要有機會……我們爭取的就是一個機會！」

賴彥池也請他的父親賴進益老師，擔任核心技術指導顧問，將賴老師畢生積累的竹工藝專業技術，融入這個大型工程中。

經過一整年往返竹山與台中的遠距工作節奏，也讓他的團隊迅速拓展施工經驗，成功擺脫只能現場手工進行的傳統生產方式，以模組化的方式產製大型竹編裝置藝術，不僅創造出更高的生產效益，也讓竹山鎮上的竹產業獲得獨特的市場區隔。

我經常在高速公路上，看到彥池開著滿載竹編材料的大型貨車狂奔，日復一日、沒日沒夜的挑戰自己團隊的極限。他總跟我說：「『竹籟文創』就是天龍特攻隊，完成業主委託的各種不可能任務。」

自從竹跡館獲得國際大獎之後，「竹籟文創」開始運用這樣的實戰經驗，積極與政府及民間單位合作，推廣竹編藝術。於是從集集燈會、南投燈會到桃園花博，各種大型竹編裝置藝術委託項目，都是這支特攻隊無役不與的主戰場。每年大型活動的空間需求，都是他們能夠一展長才的絕佳舞台。

跨界、跨域又跨齡的整合溝通力

市場喜新厭舊實屬常態，個人偏好更是百變難測。辛苦研發出一個好產品，市場熱度究竟能持續多久，誰也說不準。正因創業維艱，居安更應思危，企業必須持續強化研發能力，培蓄未來運營的動能。無論是「創造市場需求」或者「發現市場需求」，兩條路線都值得思考與嘗試。但最讓人擔心的，就是陷入「為了設計而去設計」的迷思。

產品開發核心，需要跨界、跨域與跨齡的整合溝通能力。設計者必須熟悉不同材料，加以多元組合運用。產品設計出來後，馬上面臨如何依據市場需求，進行量化生產的問題。就實際台灣傳統產業生產情況分析，當傳產逐漸式微、外移，或技術凋零，專業生產技術導向的工廠將愈來愈少。

例如一支小小的竹牙刷，就必須至少和三種不同技術的工廠合作，包括能製作竹製牙刷柄的工廠、能生產牙刷毛的工廠，以及能將這兩種材料組合在一起的工廠。又例如結合竹編設計的陶瓷杯或燈具，既要和竹工藝師配合，又要找到合適的陶瓷業者、燈具業者，如此層層堆疊而上，溝通難度自然更高。通常產品還沒完成，青創者早已在溝通不良所產生的障礙中傷痕累累，很容易從懷抱熱情理想的青年，變成憤青。

然而，我在工藝設計師駱毓芬身上，看到了不同的可能。我們合作多年，一路見證了她積累的經驗與契機。她，堪稱屢創佳績的勝利組。

靈光乍現的造夢者

駱毓芬是「品研生活美學」及「上海好巢文化傳播」創意總監，曾五次獲德國iF設計獎、紅點設計獎等大獎。

第一次見到她，是在「天空的院子」。當時因竹山竹編工藝家蘇素任老師的引薦，讓我有機會結識這位兼具東西方設計經驗的設計師。看著她選擇捨棄台北這樣的國際設計舞台，毅然決然來到竹山小鎮，期待自己的設計能量能為竹山竹工藝產業帶來更多可能性，讓我對她留下深刻印象。

駱毓芬在設計界名號響亮，早在學生時期，她就是各類國際設計大賽的常勝軍，早年曾在飛利浦、華碩、明基、神達電腦等公司擔任產品設計師。二〇一〇年，她自創品牌「CUCKOO」，以辦公室女性為主要客群；隔年再創「品研選」，主打高端的竹工藝設計商品，並且致力將傳統工藝現代化、國際化。

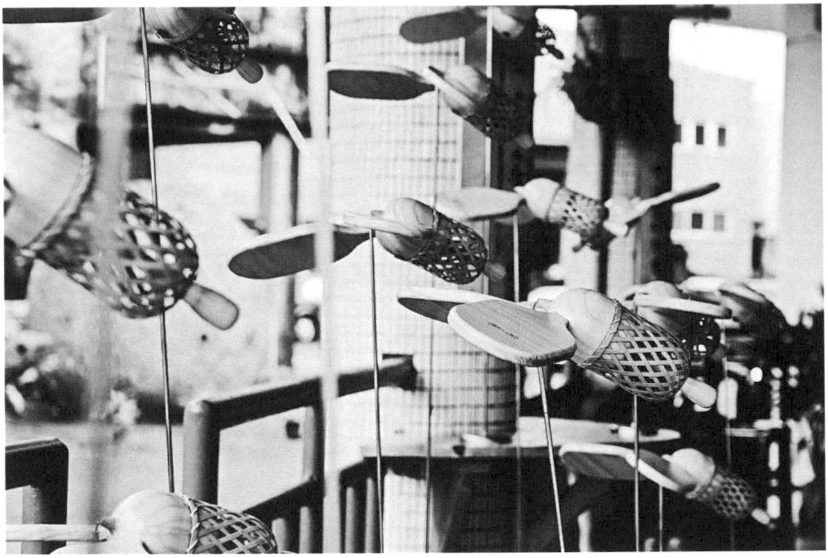

駱毓芬的作品在台西客運車站展示（©菊式映像）

從設計師跨向經營者，駱毓芬關心的重點不只是單項產品的開發與設計，更重視通盤的思考。創業之初，她仔細觀察現況，發現設計圈出來創業的幾乎都是男性，以文創商品為主的不多，因此從自身經驗切入，選擇開發女性上班族（她最了解的消費族群）會感興趣的文創商品。在她擘畫的產品地圖中，一開始就擁有明晰的品牌布局與產品線規畫。

她認為就當前市場而言，除非是高科技且技術含量極高的產品，否則很難靠單一產品致富，尤其是文創商品，幾乎不可能。為了運用有限資本發揮最大效益（她的創業資金只有一百一十萬台幣），她開發的產品組合，包括低中高價格的產品策略：

1. 低價位：約三百元左右，價格親民，自用、送人兩相宜，鋪貨也不會造成太大成本負擔。
2. 中價位：約兩千元左右，例如陶瓷類、包包等。
3. 中高價位：家具類，例如燈飾、椅子等。

然而，看似縝密的規畫布局，她仍然經歷了讓人膽戰心驚的創業之路。

創業初期，如果忽略市場評估，沒有控制好產品組合，就很容易會因成本積壓而周轉不靈，面臨倒閉困境，這是大家在創業初期常面臨的考驗。縱使是得獎無數、經驗豐富的沙場老將，具備明確規畫、清楚的發展方向，但一開始，駱毓芬照樣付出相當的代價與學費。

讓品牌更聚焦

駱毓芬精心開發一款書籤，原本認為會大賣。這款書籤設計、創意與造型俱佳，又具多重功能，例如可將書籤一半夾在書裡、一半垂在外面，提醒讀者書未讀完；把書籤串在一起時，還可以變成手鍊或項鍊，符合女性需求。當時擺在設計師展、美術藝文展場，反應都特別好。但是，產品一出了這個同溫層，就幾乎賣不動了。

經過謹慎的檢討分析，她發現自己犯了兩個錯誤：首先，市場需求與原先的想像有巨大落差，忽略了現在大家愈來愈少看書，何況是書籤。再者，一個產品必須讓人一眼就看出它的好，看出它獨特的創意、設計、質感與功能，如果消費者經過時，三十秒內還沒被吸引，往往機會就流失了。而在通路鋪貨時，即使擺進誠品，除非設立專櫃、特別介紹，否則，這樣的書籤與其他產品混雜堆放在一起，根本無法引起消費者注意。

因此，如何讓消費者發現你，甚至記住你，是很重要的。對於資金不夠雄厚的創業家來說，在建立品牌的過程中，尤其還在經營初期的小眾市場時，寧可集中火力，隨時注意市場反應、快速調整及因應布局，才能穩健的找到生存空間。

一段時間後，駱毓芬發現餐具類及工藝品，比文具（例如書籤）、包包、鞋子賣得好。經過審慎評估，她決定忍痛捨棄文具產品，專注經營市場回饋較高的品項，讓品牌印象更鮮明、更聚焦。

市場是創造出來的

許多設計者擁有亮眼的獲獎紀錄、豐沛的創新能量，開發產品時會覺得應該設計出琳琅滿目的品項，才能掌握市場。但仔細分析市場，才發現似乎這也有人做了，那也有人做了，不易攻城掠地。駱毓芬建議，除了從自身經驗、最熟悉的目標客群出發外，在現有市場需求中創造差異化、創新需求，永遠都能創造出新的機會。

例如，環保意識逐漸抬頭，環保筷成為熱銷商品。駱毓芬想開發環保筷產品時，周遭的人都紛紛表示反對，認為環保筷到處都是，還常被當作贈品，競爭者太多，根本賣不出去。

駱毓芬卻認為，正是因為台灣人重視環保，環保筷就一定有需求，有需求就有市場。而相較於市面上如出一轍的環保筷，只要設計得好，反倒有機會脫穎而出。

創業，不是設計自己喜歡的東西，
而是找出別人迫切的需求。

「多數女生不太可能自己扒完一碗豬排飯，更多的是三兩好友共同分享飯後的水果點心。」

從這樣一個上班族的生活經驗出發，駱毓芬設計出一雙別具巧思的環保筷。組合起來是雙筷子，拆開後是四支叉子，把女性喜歡分享的特質，轉化為設計元素，應用在日常生活中。

她不僅將「分享＋環保」的概念體現於產品功能，更融入了最原始的模具設計，這雙筷子的前端及尾端採用同樣的造型設計，因此能以同副模具生產，從生產端開始落實環保的真諦。

這雙環保筷以與眾不同的角度切入市場，賣得非常好，堪稱小兵立大功，不僅成為維持公司生存的一大收入來源，還繼而推出二代、三代。之後又引進日本環保塑木料（成分含咖啡渣、木屑等可分解材質），更加環保。

量產的艱鉅挑戰

在產品量化的過程中，設計師面臨上下游關係的整合與溝通。設計師必須把設計理念、希望達到的品質，準確傳達給工廠師傅；然而，專業技術水準高的工廠，往往沒把數量相對較小的訂單放在眼裡。有些知名設計師會心高氣傲，放不下身段。事實上，在生產現場，沒人管你是什麼背景、得過什麼獎；相對的，將心比心、誠懇尊重的態度，才是最有效的溝通之道。

駱毓芬有一些小撇步。偶爾，她會貼心的準備小禮物。其實老師傅根本不缺那點東西，但他們能夠感受到她誠摯的心意。而且，要做足功課，最好先製作一個模型，否則發現不行時，得一再修改模具。別小看小小一塊模具，動輒十幾萬，非常燒錢。

討論的時候，則要快速掌握重點、切中核心，製程問題尚未順利解決前，她幾乎每天跑工廠，蹲在老師傅旁邊一起找原因、設法改善。那樣親身與第一線工廠溝通協調的磨練，是過往在學校或設計公司中學不到的珍貴經驗。這些細節是設計師養成過程中最重要的階段，如果連人與人之間的關係都處理不好，是無法成為專業設計師的。

「塑木料環保筷」的量產，一開始並不順利，產品老是斷裂，前後幾乎丟掉了上千雙，損失幾十萬，駱毓芬一度起了放棄的念頭。所幸在和老師傅不斷磨合、改良後，問題終於逐步解決了。

每件產品的量產，都必須和許多不同技術專業的工廠合作，因此，首先要能找到合適的廠商，接著是說服對方接單，訂單簽了之後，才是一連串繁複問題的開始。

例如A廠商交貨遲了，B廠商因此無法銜接；C廠商製程出問題，D廠商則有自己的工作計畫，好不容易C廠商問題解決了，D廠商已排不出時間給你。遇到這種問題時的身心煎熬，真讓人千頭萬緒。

然而，最大的挑戰，是與藝術家或工藝師合作。許多設計師都希望能與藝術家、工藝師合作，可惜實際成功的例子不多。但駱毓芬的幾件代表作，如「蓬蓬裙椅」、「汝玉板凳」、「溫釋手提竹燈」等，都是成功的例子。她二〇〇七年參加由「台灣工藝研究發展中心」舉辦的「工藝時尚計畫」後，就愛上台灣在地竹子，因此她跑遍南投竹山，向竹編藝術家蘇素任、工藝家陳高明等人請益，才有這些傑作。

這些作品也將她推向了國際舞台，二〇一四年在新加坡舉辦的「亞洲家具家飾展」（Maison & Objet Asia）中，被評選為六位「亞洲新銳設計師」（Rising Asian Talents）之一，成為第一位獲此殊榮的台灣人。

得獎代表作「蓬蓬裙椅」，不但被晶華酒店選進ＶＩＰ室，知名主持人黃子佼也下單購買。甚至連大舉進軍大中華區家具家飾市場的迪士尼，也相中她的設計，因此邀請她擔任特約藝術家，並授權她在設計中使用經典迪士尼動畫角色。

整合專業技術與藝術家的溝通藝術

或許，有人會認為這是幸運之神的特別眷顧。但為什麼連難搞的工藝師傅都願意幫她？為什麼他們能夠合作愉快？

事實上，就算幸運之神特別眷顧，你也得有能耐承接下來。

駱毓芬成功的祕訣其實簡單易懂，也就是做人做事的基本道理，關鍵在於是否真正做得到位、做得恰到好處。她舉例，當年還在科技公司上班，有時無法親自登門拜訪工藝老師，就只能打電話向老師請教。但老師們不熟悉科技產品，也不太會用手機，所以常擔心她花太多電話費，總希望趕快講完。

駱毓芬就想了個辦法，她協助老師使用免費通訊軟體，只要有電腦和網路，講再久都不用多花錢，讓老師們放心。看似微不足道的事情，卻很體貼，讓人溫暖到心坎裡。憑藉著同理心來溝通，就能扭轉困境。

此外，那時駱毓芬申請了許多補助計畫，拿到的補助款全給工藝老師；合作的作品也是聯名參展、參賽。當某些融入竹元素的產品（例如環保竹筷）上市時，駱毓芬會全盤思考清楚後，跟老師們提議：「大家先放下各自的利益，一起創造市場更高的商機。」

透過一次次愉快的合作經驗，建立起彼此堅定的互信的基礎，老師們微笑點頭的機率，當然愈來愈高。

從駱毓芬豐富的經驗中，可以知道：再好的設計與創意，若無法商品化，就只是電腦裡的一個檔案。縱使曾在米蘭、巴黎、倫敦……等國際大型商展中嶄露頭角，倘若做不出來、沒人使用，又有什麼意義？

控制好成本、提出合理報價是很重要的，因為人家遠道而來是要跟你做生意，不是聽你講道理、談設計理念。不管你是設計師或創業者，最重要的是做出能賣出去的產品，而不是做出好看的作品。當產品被相中，還要能報出合理價格、穩定供貨，從物流、倉儲、管理、品質維護、合約、生產效率……樣樣都必須考慮周詳，得要有能力、耐力與堅定的毅力，才走得下去。

以高端工藝產品的量產為例，你要如何確保師傅能做出品質如一的產品？該怎麼控管、溝通、調整？這都是環環相扣的問題。

有一回，她寄送燈具到歐洲，結果送達時燈具的支架全斷了。這時該怎麼辦？請對方寄回來修理？或者乾脆寄一批新的過去？假如你連國際運輸的風險都沒顧慮到，又如何跨國做生意？有風險是正常的，但難道有風險就放棄、裹足不前？

謹慎評估，將風險盡可能降到最低，並鍛鍊因應及承擔風險的能力，避免因一次大風大浪就翻船滅頂。風險發生時，得有能力承擔、解決，即使你不想創業，只是一個設計師，也要放大看待事物的格局，拉高自己的視野，從經營者的角度看事情。

真愛激發的力量和潛能

愛與喜歡，是有差別的。我發現，許多年輕人熱中創業，但若深究，你想追求這份事業，是因為能給世界帶來價值？或者，只是認為當老闆很過癮？

倘若你真愛一件事，就會願意為愛犧牲，堅持到底。

駱毓芬還在科技公司上班時，老闆常指派某位同事去做她不想做的事，駱毓芬常打抱不平，認為那是不合理的要求，並有權拒絕。但是，那位同事笑笑的回答：「但我有兩個小孩呀！」

駱毓芬沉默了，她忽然覺得自己太天真。她創業後，可能因為一雙環保竹筷斷裂，就被媒體和客戶罵得滿身傷痕。而自創品牌就像悉心呵護自己的小孩，願意無怨無悔做任何犧牲與承擔，包括學習原本毫無興趣的財務管理、報表、法律，學會看懂合約條件合不合理、有沒有陷阱。

人與人之間的差距，
僅在於選擇放棄，或堅持到底而已。

能夠與迪士尼合作，是許多創業者最羨慕、最夢寐以求的。的確，駱毓芬接到訊息當下，心中也充滿對未來無限美好的想像與憧憬。然而，這個跨國合作案，卻是她做過最複雜的案子。很多人羨慕她能拿到特殊授權，殊不知拿到授權，才是困難的開始。挑戰不在設計能力，而在整合與盤點的能力，才能知道賽局的輸贏。所謂軟實力，是如何把事情做得漂亮，美好與動人。

迪士尼近年積極進軍大中華區的家具家飾市場，上海迪士尼高層原想購買「蓬蓬裙椅」來展出，但駱毓芬心中思考的，是如何把握這一千載難逢的機會，轉化為未來更大的潛力。她主動提出不同合作方案，希望得到授權。

一般而言，能獲迪士尼授權的公司，不僅必須有能力支付鉅額授權費，還要有足夠資金去運作及生產，這已遠非駱毓芬的「品研文創」所能負擔。在把握住這難得契機後，駱毓芬找到大陸廠商洽談合作，只要對方答應生產，就能獲得授權販售，廠商當然樂意配合。與此同時，她為迪士尼特別設計一系列運用米奇圖案、融合中西文化元素的產品，包括茶具、杯盤、花器、燈飾、家具及「蓬蓬裙椅」特別版等，在大中華區通路進行販售。如此一來，創造了三方共贏。合作廠商一方面賺得委製訂單，一方面還能販售授權產品；迪士尼則能收取更多授權金；而駱毓芬不僅解決了缺乏龐大資金投入生產的難題，還新創立「有巢」這個品牌來獲得授權販售。

「我不用出一毛錢，因為沒錢可出，卻有本事把握住這個機會。」駱毓芬心中最高明的設計，並不是設計出一個產品，而是設計出一種遊戲規則。如何在這場遊戲當中，制定規則，並且玩得叫好又叫座，那才是她所追尋的目標。

從一個機會點出發，不斷延伸，從而開啟更多不同的機會點，讓品牌印象持續發光、發熱，這樣靈活的品牌操作，著實讓人感到驚豔。

不同的思維，往往會造就不同的發展脈絡。駱毓芬的國際經驗，開啟了我「從國際看竹山，而非從竹山看國際」的新視野，或許也同樣值得所有青創者參考與省思。

第四章

克服銷售懸崖

整合線上、線下通路，將數位化創新
融入購物體驗之中，創造更順暢的消費模式。

我們常討論，到底「做」比較難？還是「賣」比較難？好花隱沒在山林之中，只能孤芳自賞；好產品若欠缺好的通路策略，無法抵達消費端，也很寂寞。

產品透過通路，才能進入市場。如今，通路的定義愈來愈寬廣，不過仍可概略分為實體通路與虛擬通路。如何研擬通路策略？若僅憑想像或既有印象來操作，就容易陷入迷思，把自己卡住。

破除實體通路的迷思

迷思一：實體通路鋪愈多貨，賣愈好？

微型創業初期，最怕的就是成本積壓、現金流不順暢。不管是公司化經營，或者自行開發產品販售的個體戶，都禁不起周轉不靈，一次大浪打來，可能就翻船了。

我有幾位朋友，點子多、能力強，知道不能單靠一個產品打天下，陸續開發七、八款產品，也積極打開通路。由於產品賣相不錯，通路接受度頗高，鋪貨到二、三十個實體通路，且免收額外通路費用，乍聽是否頗讓人羨慕？

但試算一下，七、八款產品，同時鋪貨到二、三十個實體通路，總體鋪貨量是多少？單是產品製造成本，就足以讓他們被營運所需現金壓得喘不過氣。而通路商精打細算，頂多讓你寄賣，依實際銷售量拆帳，鮮少直接買斷。產品究竟何時賣出？何時能收到貨款？誰也不知道。

寄賣的產品愈多，管理成本也愈高。因此，你把通路視為拓展市場的管道，或行銷曝光的管道？其實，在市場收益與行銷成本之間，應該是全然不同的策略與思維。通路營業點可能在台北、桃園、台南、高雄……小型創業者沒有那麼多人力一一去照看。貨鋪了，人走了，每天繼續為營運奔忙，不說日理萬機，也是千頭萬緒，下回再去，可能已是半年或更久之後。到了現場，往往發現自己的產品被擺在一邊。因為不是通路商自家產品，現場人員不會

自信，來自於不間斷的大量練習，自然就無法動搖。

特別照顧，更不會主動向消費者推銷介紹，這種困局經常發生。

這幾年我觀察到，許多竹山的年輕品牌，已漸漸具有自己的思考模式，在運營資金有限的狀態下，於實體通路鋪貨寄賣的比率愈來愈低，除非某個營業點銷售量衝得特別高、特別快，否則寧可拒絕。若對方鋪貨意願高，頂多就是依數量買斷、給予折扣。

這樣的決策，是有自信、有自己思想的，尤其是那些還在創業初期、規模不大的事業，更應該積極選擇合作通路；而非一味配合通路商要求，讓產品淪為點綴空間的陪襯。

迷思二：忽略銷售分析及市場回饋

有些青創者開發很多品牌、鋪貨到很多實體通路，每次去都只是做現金結帳、補貨，卻忽略了銷售分析——例如，銷售運轉率是否順暢？哪些產品在哪些通路賣得好？在北部銷售好的產品，在南部反應也一樣嗎？賣得特別好或特別差的產品是什麼？台中的消費者偏好，和高雄有無不同？哪些產品特別受年輕族群歡迎？什麼產品在哪些區域特別能打動銀髮族……。

這些訊息，都是運營的重要指標，豈能忽略。

只要開發出產品、鋪的貨能賣出去、拆帳順利，整體感覺「有賺錢」，就夠了嗎？不，你必須實際了解市場反應、探究背後原因，而銷售現場正是最能與消費者直接互動的地方。

把握機會與現場店員、顧客深入交流，藉以了解客群結構、消費者偏好。若能加以分析蒐集到的市場經驗，就會是你強化優勢、調整步伐的重要依據，對品牌經營帶來長期效益。因此，年節時可以準備些小禮物，送給第一線的銷售人員，發自內心感謝他們支持。

總之，去銷售據點時，千萬別只是結帳、補貨，必須把銷售據點視為自己事業與市場之間，最重要、最神聖的溝通場所，用心耕耘才行。

迷思三：百貨商場及名牌情結

許多文創業者總希望能進駐百貨通路，更將其視為目標和成就。若能在知名通路上架，就彷彿達成了企業的重要里程碑。

許多大型商場以結合書店與生活文化的新生代之姿崛起，長期專注深耕，建立鮮明形象與穩定客群，對文創業者深具吸引力。而現在的百貨通路因競爭日益激烈，也會引進文創業者進駐，以營造特色。然而，獲利仍是非常重要的考量，「文創」可說只是百貨商場業別之一。

因此，文創業者要清楚理解自己在這樣的生態中，扮演的價值為何，才能免於淘汰。大型百貨商場有助品牌曝光，但進駐成本也相當高，除了初期裝潢成本，還有營業抽成（或包底、租金等方式），每個月還得繳交各種費用，包括：收銀機維護費（一般收銀機要跟百貨商場租用）、行銷贊助費（百貨商場每月的ＤＭ、促銷活動、週年慶等）、人員管銷、刷卡手續費、分期刷卡手續費、水電瓦斯、倉儲、電話、網路等，對小規模文創業者而言，實為龐大負擔，必須全盤考量清楚。

如果決定進駐設櫃，不要只想著從中獲利，而是思考下一階段該怎麼走。例如，若有機會進入商場設櫃展示幾個月，可以想想是否有機會與旁邊一起設櫃的品牌合作、辦活動？並換位思考，把櫃位視為自己的場域來經營，積極創造被大家需要的價值，讓整個商場因為你的品牌進駐，變得更好。

我的建議是：「就像是寄生蟲那樣的生存也無不可。」尤其當你的品牌能量還很小時，何不寄生於強者之下，逐步壯大自己，並視對方為命運共同體。進到任何場域，就努力活絡那個場域。剛開始，可能是你需要他們，但你的價值提高以後，彼此的關聯性也將扣得更緊密，不再只是租期一到就說再見。

因此，請務必把爭取到的進櫃機會，視為幫品牌帶來更多與通路合作的起手式。不只關心自家產品銷售好壞，更要思考自己的品牌能夠為大家帶來什麼價值與影響。

平台就是通路

如今，通路的型態日益多元，讓產品有更多曝光機會。能夠帶動銷售的，都能視為廣義的通路。平台本身就是通路，無論商業、理想或價值都可以在這裡輸出。

「華山一九一四文化創意產業園區」，是我心中的典範，既提供了文創業者最佳的展演平台，也是目標客群集中的現代通路。每年上千場活動，從獨立製片、小劇場、地下音樂，延伸到茶葉、食品、文創……，多元豐富與跨域創新的內容產出與動能，遠超出一般通路、文化園區、遊樂區、百貨商場。

想要持續前進，
就必須捨棄取悅大眾的想法。

華山文創園區的形象，就像是個大量內容產製所，樂意接受各種創意與創新嘗試，是年輕人與社會對話的首選場域，值得長期經營。如果有機會讓自創品牌進駐華山或參與活動，一定要把握機會學習，考量的不僅是人潮錢潮，更要善用華山文創園區的平台，打開機會之窗。

若能演好品牌的腳本、說好自己的故事，與受眾（或說消費者）產生線上與線下的互動，嘗試與那裡的多元品牌串聯出更多的合作可能，都是重要的歷練與資源連結。

以在去年和華山文創園區合作推動的「竹山文化節」為例，當時是與雲林科技大學張文山老師、「頑石創意」負責人林芳吟合作，將竹山青創品牌帶到台北華山展出。

從商業角度來說，這是讓竹山青創產品進入台北市場；但更深層的意涵，是建立起小鎮與城市間的連結，讓城市居民到華山來看看，有這麼多年輕人回到竹山，守護土地、守護家鄉，開發出這麼多新的文創產品。因此我提出「從華山到竹山、從竹山到華山」的論述，引起各界關注。

在「台灣文創發展股份有限公司」策略長李正芳先生鼓勵之下，讓我進一步思考那次經驗。

城市與鄉鎮之間，並非只是吸磁消長關係，更應該積極展開美好的依存關係。在將資源引進在地的同時，也要將在地能量帶出去，如果鄉鎮議題不易被城市看見，那麼就將議題帶到城市吧！透過商業機制的轉化與滾動，讓城市居民更理解鄉鎮情況、更願意支持地方創生。

對我而言，在這個時代裡，產品背後的故事，所想傳達的理念、創意、核心價值，是一體多向性的輻射，非單一運作，而是共同完成的。因此，如果生活在小鎮、鄉村與部落中，就必須積極與城市為友，把最好的地方生活心意呈現給城市居民，讓他們感受到我們的真誠與用心。

靈活運用虛擬通路

網路時代崛起後，過去「產品→通路→消費者」的遊戲規則起了大變化，全世界都在這樣的浪潮裡尋求應變之道。

線上購物的便利性及優惠價格受到消費者青睞，實體通路的營業額也持續下滑。經濟部統計處公布的資料顯示，電商正在搶食市場，各國網路銷售占零售營業額比重逐年升高，二〇一七年台灣消費者整體網購頻率已逼近實體通路，平均十次購物行為中，就約有一半是透過網購完成。

多數青創業者都知道要積極運用虛擬通路來打開市場。然而，過去在實體通路累積的經驗，卻不一定能派上用場。小品牌如何在虛擬通路上開疆闢土？如何善用網路資源發揮綜效？

在台灣，主要的虛擬通路包括：PChome、Yahoo、momo、蝦皮、FB、

PTT、LINE、Instagram、YouTube 等。成長於E世代的年輕族群，使用這些工具可說是易如反掌；五、六年級的青壯世代同樣受到網路浪潮洗禮，應用起來也毫不陌生。

網路上有許多資訊，要隨時掌握有效資源，並加以靈活運用。假如你想運用商業購物平台為銷售通路，就應該先了解各家平台的特點。例如，根據資策會產業情報研究所針對台灣網路購物行為的調查結果（二〇二〇年四月），消費者最常使用的B2C平台前五名，依序為蝦皮 24h、momo 購物網、PChome24h、Yahoo 購物中心及創業家兄弟與博客來，網購消費族群以二十五到四十四歲為主，約占七成。

PChome 則指出，旗下 PChome 24h 平台消費者以男性居多，比例約為六比四；創業家兄弟觀察男女消費族群偏好，發現購買「生活及美食」類別商品的消費者，七至八成為女性，而3C商品訂單則六至八成為男性……。這些都是非常寶貴的資訊。

如何在茫茫網海中異軍突起？

網海茫茫，如果你的訴求不夠鮮明，瞬間就會被資訊浪潮淹沒。你當然可以透過買關鍵字、投放廣告來提高品牌的曝光率，但是那需要付費，金額可以是十元、百元、千元……曝光率愈高，費用當然也愈高。

現任七星柴魚博物館執行長的馮筱惠，有多年實體、虛擬通路行銷經驗，她觀察估計，有些擁有百萬粉絲的網紅，一個月砸在ＦＢ的行銷費用就超過百萬台幣。這樣的費用，恐非微型青創者負擔得起。

縱使投入大量廣告經費而換到了流量，但是流量能否轉化成為訂單，每個環節都必須謹慎評估。網路是重要的渠道，能向大眾傳遞我們正在努力的方向。但在訊息傳播出去之前，必須要進一步思考：什麼是社會渴望得到的訊息？因此，說故事的能力非常重要，要懂得從同理的角度，去傳遞自身專業領域的價值。

將高度拉抬到與社會價值等高，並加以深化，遠比鑽研各種網路行銷促銷方案更有意義。

在說故事的能力上，我們在尋常的工作中，會有系統的將在竹山運營的內容，比如每年竹山所輔導的產品、人物，與地方的關係等相關議題，透過圖片、文字、影片及活動，與外部單位的合作等多樣方式產出。將在竹山這塊土地上不斷創作的內容，透過網路世界傳播出去，持續帶來更多人的關注與探討，連帶就能吸引知名媒體來訪及各領域的合作。

因此，如果想在小鎮、鄉村與部落創業，大家必須要有系統的建構一套常態化的內容主題發布節奏，比如內容圖文的產製、推播日期的排程，都是團隊重要的工作。

每天積極傳播竹山居民認真的生活，那樣直白的故事，那樣正面的態度，正是鼓勵市井小民奮發向上、不畏困難、攜手前進的動力。

虛實並用，主動開發新客源

「有用的方法，就是好方法」，不管是實體通路、虛擬通路或新興文創平台，只要有助於經營品牌效益、提高銷售目標，用得好，都是好通路。

事實上，近些年來，整合線上線下、虛實並用，早已是趨勢。凱度消費者指數發布的〈二〇一七年亞洲品牌力量——零售報告〉中，就觀察到亞洲本土品牌不斷超越跨國性品牌的表現，成功經營的關鍵因素之一，就是整合線上、線下通路，將數位化創新融入購物體驗之中，創造更順暢的消費模式。

此外，台灣超過半數的消費者會同時在線上及線下通路購物。換句話說，無論透過實體或虛擬通路跟市場打交道，重點同樣在於能否成功獲得消費者的關注與認同，並實際買單。

方法是活的，除了善用現有通路外，也可另闢蹊徑，甚至從傳統方式去找到新的切入機會。近來已有不少竹山青創業者，選擇在實體及虛擬通路上，朝向贈品與網路團購型態去開發市場。

群眾募資

在群眾募資平台出現以前，文創業者得先有足夠的資金，才能開發商品、打進通路。但現在，如果你有個好點子卻沒有錢，可以把訊息放上募資平台，先試水溫。若支持者達到預訂募資目標，就能開始生產；萬一得不到足夠支持，也可以及早檢討自己的方案是否不夠吸引人？不符大眾所需？

募資平台上的專案包羅萬象，舉凡新科技商品、藝術創作、公益服務、生活用品、攝影、紀錄片，到研究經費募集、新聞出版等，都有機會在募資平台募得款項。而網路無國界，甚至可能吸引世界各國網友，共同支持一個意念、一個創意、一個計畫，或一個產品的誕生。

這幾年來，群眾募資已成為一股新趨勢，雖然鬧過不少新聞事件，熱度似有減緩，但對年輕創業者而言，仍不失為得到贊助、實現理想的好方法。但是想靠群眾募資得到支持，也沒那麼簡單，事前得做足準備，例如要先有合適而能引起受眾共鳴的募資主題、設定合理的預期募款目標和天數、制定完整的募資計畫，並選擇合適的募資平台。不同的募資平台，都有自己獨特的目標群眾和專案特質，所以要選擇最合適的，並針對該平台來設計募資文案、影片等。

如果你有很好的創意和產品構想，卻不知如何進行，也有專門協助群眾募資的顧問公司，例如「貝殼放大」曾協助台灣吧、ARRC前瞻火箭、月球燈、鮮乳坊、灣生回家、AQUA微型耳擴、口袋相簿Piconizer、看見台灣等數十件集資專案，據悉是亞洲最大、全球排行第六的群眾集資顧問公司。

但無論親自上陣，或委託專業，要成功募資，先決要件是得先創造好內容，才能感動人心。

元泰竹藝社的群募魅力

有一件很酷的群眾募資成功案例，就發生在竹山。

二〇一八年，竹山返鄉青年，「元泰竹藝社」的林家宏以「元氣竹吸管－地表最弱的吸管」專案，投上 flyingV 募資平台，募資目標為五十萬元。結果獲得一千六百四十七人響應，募得資金超過九十四萬元，達成率百分之一百八十八。

能在短短兩個多月感動這麼多網友，讓大家踴躍支持與贊助，究其遠因，要推溯到二〇一五年八月間，在網路爆紅的一支影片。

一組海洋生物學家在哥斯大黎加進行研究時，發現一隻瀕臨絕種的欖蠵龜鼻子卡著異物，他們小心翼翼用鉗子將異物取出。在影片中，可以看到過程中欖蠵龜不斷掙扎、鼻子血流如注，讓人頭皮發麻。

一個人的信念、態度、懷抱的心胸，將會對他的一生充滿深遠的影響。

海龜專家菲珍納（Christine Figgener）說，一開始，「那個異物看起來像條蟲。」研究員剪下一部分異物後，才驚覺那條皺巴巴、咖啡色的異物，竟然是吸管。所幸最後順利將長達十公分的吸管完整取出。

菲珍納在FB與YouTube上傳這段救援畫面，兩年之內超過三千萬人觀看。在熱血網友重製成各國語言後，觀看人數更超過一億人。之後許多國家、企業陸續制定限制吸管使用的政策。

林家宏一直是親身履踐無塑生活的環保青年，返鄉後，先開發「元氣竹牙刷」，挽救家族經營的「元泰竹藝社」，使工廠順利轉型，免於倒閉危機。看到海龜受難影片後，他深深被觸動，因此興起開發竹吸管的念頭。他跑去浮潛、拍海龜，並在社群裡發起討論，支持聲量逐漸增強。

在這個募資專案中，他真實完整的描述了募資計畫，提供專業影片，並蒐集許多讓人膽寒的數據，例如：

依據財團法人塑膠工業技術發展中心的資料，目前台灣每年使用三十億支塑膠吸管，以一支十八公分的吸管來計算的話，可繞地球十三點五圈，這還只是台灣……。

「地表最弱的吸管」，是相對於無比強悍、永難分解的塑膠吸管而言。所謂的「最弱」，意味著可以直接分解，不會造成地球負擔與傷害。

募資計畫也清楚說明給予贊助捐款者的回報：

募資案達標的話，元泰會著手種下箭竹苗，兩到三年後就會有一片箭竹林，這片竹林將是每一位支持者的貢獻；所以這次募資的不是一個產品，而是一個循環經濟的產業。

這是一個屬於台灣本土的計畫，元泰邀你一起許一個照顧家園，照顧山林，還照顧自己的心願。

林家宏積極開發竹牙刷等友善環境的竹製產品（©林家宏）

價值行銷之道

觀察社會脈動，找到好議題，讓產品和議題串聯、包裹在一起，提高附加價值，激發支持聲量——如果你正打算透過群眾募資實現理想，上述簡單的剖析，或許能提供些許參考。所以，不管再渺小的地方服務與產品，我們都必須賦予其最大的社會價值意涵。要在這樣的基礎認知下，全心全意去進行產品研發，才能創造出眾人認同的作品。而要如何將這樣的信念，轉化為具體工作方式？

簡單來說，就是讓自己成為具備「上游思考」的人。例如，你今天販售的，不只是一雙竹筷，而是「守護住一片即將消失的竹林」。你今天所推廣的，不只是竹編體驗，而是「試圖讓竹編工藝得以傳承的人才培育」。你今天所分享的，不只是一間餐廳，而是「空間與地方的農業關係」。

諸如此類的觀點該如何形成？可以從進一步思索自己的事業的核心意涵開

很多人妥協了，是因為不夠自信，
不清楚自己要往哪裡去。

始。找到核心意涵後，積極從社會視角，了解社會將如何看待我們所傳遞的訊息。當我們轉化、建構出一個能被廣泛接受的價值內容，就能有系統的運用多元網路渠道，進行規律的傳播分享。持之以恆，將能涵養自己的內心與使命，讓自己成為更成熟美好的人。

從政府補助支持，到學校創新育成，台灣這幾年拚命在鼓勵青年創業。然而，經過多年觀察，我發現青年創業過程中最諷刺的，往往就是這些「夢想」，到最後才發現賣不出去。

許多青創者宣稱自己可以為了產品價值理念投入龐大財力、體力與耐力，即使在資源不足的狀態下，仍將苦撐活撐著自己的使命。可是，一旦真的進入市場，卻連拜訪客戶、推銷自己的夢想都不願意。他們可能覺得「這麼美麗的夢想，怎麼還需要推銷？大家應該要懂得欣賞我的價值才是」。於是，感性美夢變成了現實的惡夢，「創業奮青」變成了名副其實的「社會憤青」。

因此，一定要嚴肅看待「如何成功賣出東西」。

近幾年來，我經常受邀到保險公司與直銷公司進行經驗交流，我發現相較於其他產業，保險與直銷業務人員的專業訓練，讓他們更具備創業夢想，更貼近能將夢想賣給全世界的銷售人才。那種與客戶之間的互動，以及因專業而備受客戶信任的細節，都是在持續被客戶拒絕、批評的過程中學來的。不輕言放棄、持續尋求再次拜訪的機會，都是在學校學不到的關鍵能力。

然而，遺憾的是，放眼各部會的會議，在市場開發這個領域，總是邀請從未有過市場開發經驗的專家學者，但他們卻高談闊論要如何創造「銷售神話」。面對當前嚴重的創業斷層，也許頂級保險與直銷人員的培訓方式，是可以師法的。

第五章

不麻煩的科技

擁抱創新科技，

從數位趨勢中看到無限可能。

國中畢業、即將升高中的那個暑假，我第一次看到桌上型電腦。當時在中山醫學院就讀的表哥剛組裝了一台電腦，興致勃勃的教我電腦基本使用概念。不過我擔心把電腦弄壞，潛意識裡有點排斥。

不過第一次的上網經驗卻讓我完全改觀。我連上奇摩網站，琳琅滿目的網頁有點像電視，也有點像任天堂遊戲機，我點著滑鼠不由自主的一頁頁連結下去，整個下午完全陷入無垠的網路世界中。

我一邊在網路世界遨遊，一邊擔心回不到奇摩首頁，接著我找到「上一頁」功能，終於回到首頁，當下真有洞悉網路世界的感覺。這就是我第一次接觸網路的經驗。

網際網路在短短不到三十年時間，就全面影響了世界的諸多生活面向，從食、衣、住、行、育、樂，到產業生態、消費行為、商業模式、溝通渠道、創新事業的運作……無不產生巨大變化。

然而，網路科技進步、使用工具不斷更新，雖然帶來了便利，卻也改變了人與人之間交流、互動、溝通的方式。

小時候每逢節慶，大街小巷總瀰漫著祝福道賀的話語，即使身在遠方，也會親自打電話問候、寒暄近況。那種將內心在乎對方的心意，誠摯傳遞出去的渴望，是常民生活的熱情樣貌。

千禧年之後，科技革新時代降臨，從跨年夜、農曆春節，到全世界各種紀念日，大家幾乎都改用簡訊拜年、送出祝福。將一成不變的問候內容，大量送給不同對象，似乎成為一種更有效率且更聰明的問候方式。

後來智慧型手機開始流行，各種通訊軟體（如 LINE、WeChat、WhatsApp）大行其道。當手機具備了免費通話、傳送貼圖、照片和檔案等功能時，誰還會用中古時代的簡訊呢？直接打電話的頻率也大量降低，徹底翻轉了電信業態與服務模式，電信公司的簡訊業務更已接近消失。

在網路上賣水餃

我有一位高中同學，大學畢業後選擇回台中創業。他打算用網路推廣販售父母在傳統市場賣的韭菜豬肉手工水餃。如今網購比例已逼近實體購物，但十多年前，在網路上賣水餃並不多見。他為了吸引顧客，因此開發了泡菜水餃、起司玉米水餃、火腿鮮蝦水餃等多元創意口味。同時，透過大學BBS（電子佈告欄系統）推廣，透過贈送、試吃與分享，短短幾年銷量就衝到當時雅虎人氣商店前幾大，連大型連鎖便利商店都親自來談合作。

他從台中菜市場出發，透過獨特多元的口味、精美圖文行銷、網路社群團購、試吃分享等活動，一路到台北成立據點、公司，最後設立工廠。有一次，他開著一輛奧迪雙門跑車飛奔到竹山，跟我分享他的創業歷程。

一顆五塊錢銅板就能買到的水餃，創出千萬營收，這讓當時的我強烈感受到：善用網路翻轉自己人生的時代，已經降臨。

如果要創業，沒資金就去借，
沒市場就去闖，沒本事就去學，勇敢一點。

如今，就算是一家水餃店，都得善用各種網路工具。將每天去菜市場，怎麼挑選材料、使用什麼佐料、如何用最細膩的方式製作，然後拍成短片放上網路，讓更多消費者看見、知道你是用什麼樣的心意，做出最好吃的水餃，藉此將自己的夢想與社會溝通。

透過網路，不僅可以吸引更多潛在客戶親自蒞臨店面進行線下消費，也可以創造議題、舉辦網路活動，甚至塑造獨特的品牌價值認同，而獲得更多線上訂單。各種商業行銷手法與網路科技應用之間，已存在著密不可分的關係。

隨著科技的演進，創造出多元的網路使用情境與方式，也讓商業活動獲得前所未有的想像與突破。不僅在商業模式、利潤模式、通路模式上不斷創新，更提升了顧客的消費體驗。

例如ＡＰＰ除了一般網購功能，早已進階到讓消費者掃描條碼就能透過手機即時支付，邁向無現金社會。與此同時，企業及網路公司透過大數據技術，蒐集並分析大量網路使用者的消費行為與足跡，進一步預測個人未來行為，成為精準行銷的關鍵資源。所以，我們已逐漸邁入數據決策時代。

此外，網路交易的蓬勃發展，也衍生了資料安全的疑慮。如何確保交易及各種紀錄不會被有心人士給竄改，成為重要課題。在區塊鏈技術問世後，成功將數位創新融入信任機制，不僅能確保資料的正確可信，也拉近了消費的體驗，預期未來也將持續發展出更廣泛的應用方式。

我從數位趨勢中看到了無限可能，因此開始建立竹山「小鎮智能」新組織，推動「竹山數位鎮民計畫」，將大數據及區塊鏈技術，嘗試在地方創生、地域觀光、公共事務、掌握使用足跡、數位分析等領域。

雖然目前仍在實驗階段，成果及影響層面如何尚難論斷，但相對過去傳統社區營造與地方治理，希望這個計畫帶來跨越性的改變。我期待，地方發展能夠透過現實數據，回歸專業判斷與決策，而非局限於過去民粹式的治理。

竹山數位鎮民計畫

什麼叫做「數位鎮民計畫」？簡單來說，我們希望讓全世界的人，都有機會成為數位網路國度中的「竹山人」。

就像是美國，吸引世界各國的人移民，為社會持續注入新的動能。台灣鄉鎮人口持續減少、人才不斷消失，我們打算透過網路，創造出新的認同與新的身分，在網路上為竹山帶來人口、讓竹山成為更多人的新故鄉。

如果曾參訪「小鎮文創」，理解這十五年來我們從民宿、社區到小鎮文化的社會實踐之路，也認同我們的理念與價值，願意積極參與後續的計畫與精心規劃的活動，最快的方式，就是成為竹山網路鎮民的一分子，持續關注我們在竹山鎮上的行動計畫。方法很簡單，拿出手機，掃描 QR Code，填寫基本註冊資料之後，就能馬上領到專屬於你的竹山數位身分證。

竹山數位身分證上，我們提供地方資訊與體驗等相關訊息，同時設有網路錢包與數位貨幣（光幣）功能。我們與竹山鎮台西客運車站周邊商家洽談合作，邀請商家註冊產品的履歷資訊。因此，當你運用竹山數位身分證系統，到了合作商家以社區貨幣系統進行支付，就能知道在竹山所購買的產品或服務，與地方產業有什麼樣的關係與連結。

我們希望透過數位身分證系統，讓外地旅客到竹山旅遊、消費與體驗時，更清楚知道自己花出去的錢，支持了哪些在地產業。與地方產業連結權重愈深的產品，愈值得大家消費支持。旅客的每一筆消費足跡都有深遠意義，產生地方價值認同之後，進一步促使地方產業製造出與地方更友善連結的產品。

台灣過去地方發展的經驗中，往往只關注於「一年來遊客人數有多少？」「創造多少產值？」然而，來自各地的遊客進到地方，在消費與停留過程之中，究竟與地方的關係是什麼？這方面的訊息一直處於模糊的狀態，只能依靠現場工作夥伴的觀察及口述分享，沒有長期累積的數據，也無法分析判斷

我們身上所積累的能力，就是為了讓那些流言蜚語，一敗塗地。

眼前的人潮與錢潮，究竟為地方帶來多少文化保存？促進了多少生態保護？增進了多少居民經濟？又號召了多少社區參與？

所以，如果能將構成每項產品的複合元素，透過數位履歷，進行消費足跡權重的紀錄，最後，再交由ＡＩ演算進入具體的數據化分析，或許，就有機會能夠成為「小鎮文創」在竹山區域的重要決策系統。我們可以知道每個月來訪的旅客數量，並且知道他們的消費中，在社區的人文地產景之中，占有多少的比重？

我們所追求的，是致力於均衡的區域發展，而非一味著重於提升人潮與錢潮的數字。或許有人會質疑，如此精確、具體的數據，到底意義何在？又有什麼用處呢？

因此，科技與數據就成為我們必須進一步學習的專業領域。首先，我們可以先了解區塊鏈技術的特性和魅力。國外有許多頂尖大學，包含史丹佛、普林斯頓、紐約大學、杜克大學等，都開設有區塊鏈與虛擬貨幣相關課程，不少學術機構出資贊助實驗室和研究中心，這些名揚國際的學術機構正如火如荼投入資源，布局下一波區塊鏈大勢。

去中心化／不可竄改的區塊鏈

我原本對區塊鏈一竅不通，直到認識了黃俊毓工程師，他在網際網路專業領域上，有豐富的國際工作經驗。我從他身上，看見了網路科技與未來想像之間的契機，尤其身在鄉鎮、在社區、在邊陲的場域之中，更應該全面性思考如何讓地方創生價值，進入網際網路系統。因此，我們決定透過「小鎮文創」的專案，積極合作展開數位化創生的經驗之路。

區塊鏈（blockchain，正式名稱是分散式帳本，distributed ledger technology）是一種改變「記帳」方式的新技術，能讓交易過程的每個節點都透明、省錢又安全的被記錄下來。就像是分散式的帳本，每筆資料（或是每筆交易）記上去時，都會登錄在各人的帳本裡，由特殊的鏈結技術，串聯形成很大的帳本資料庫，因此稱作「區塊鏈」。

區塊鏈最重要的特點，是「去中心化」以及「不可竄改性」。以往，不管是FB、Yahoo、LINE或各家銀行，都擁有各自的雲端伺服器，蒐集或給出的每筆資料，是由各自的企業中心控制（中心化）。

但是區塊鏈技術打破了傳統網路科技概念，所有運算數據完全透明、開放，任何人都可以透過公開介面去查詢，不需要依靠第三方提供，因此不會受到任何外力干預，而且沒有任何人能隨意修改分散式帳本裡的數據。每筆資料一旦寫入，就被鎖住，無法再改動，永遠保存在該帳本（區塊）裡，去除人為操作的可能——這也使得區塊鏈在邏輯上具有絕對的安全性，因此，我們期望未來能夠將竹山社區發展過程中累積的相關數據，用區塊鏈技術記錄，同時進行分析。因為不可竄改，更能獲得各方的信任。

數位身分證與社區貨幣

我們正在啟動「竹山數位鎮民」實驗型計畫，預計發行數位身分證與社區貨幣。不僅發給竹山人，也發給遊客、外地人，都可以視為網路世界的竹山人，我們嘗試開發具有智慧化、數位化以及數據化分析的身分證。雖然竹山實際人口在下降，但如果透過我們積極的倡議與招募，竹山的數位人口卻可能不斷增加。領了竹山的數位身分證，就是意義上的竹山人，也會進一步了解竹山相關發展資訊。所有的消費、活動參與，都跟竹山在地人一樣被認同、享有一樣的責任、權益與義務。

同時，我們也嘗試結合數位錢包技術與區塊鏈技術，共同開發「光幣」系統（竹山社區貨幣），讓更多認同竹山的數位人口，透過旅遊、消費、議題、健康等商業模式，來支持地方永續治理與發展，讓遊客擁有更充分、可信的數據和情報，重新認識自己的每筆消費，是否值得、是否對自己關注的面向和指標，發揮了最大的支持。

用光幣支付在竹山的消費，支持在地產業（©菊式映像）

實施一段時間後，就可分析統計數據。我們期待，未來某個「竹山數位鎮民」的年消費金額幫助了竹山友善地方的永續指標，竹山數位鎮民身分證也將給予特別獎勵與認證，感謝他對竹山的貢獻。甚至，在數位身分證的竹山指標積分超過一定比例之後，還能推播竹山就業、創業與退休移居的相關訊息，希望對竹山友善的數位鎮民，考慮落地到竹山長期生活。

因此，數位身分證所提供的竹山生活指引概念，一定會愈來愈清晰，尤其記錄大家在竹山的生活與互動過程所累積的資料足跡，讓我們更能掌握竹山未來可能的發展趨勢，也是地方發展重要的決策系統。

消費足跡與數位分析

過去，各鄉鎮社區營造、地方創生，大多以社區某個組織（例如環保、生態團體、文史工作等）號召當地居民共同倡議，去從事友善家鄉、友善社區的工作。有時是向政府提案，獲得補助。假設一個社區一年申請了不同的計畫案，每個計畫案都得先對該計畫施行範圍的環境生態、人口結構、人文生態、產業生態等進行盤點，政府每年補助無數的計畫案，就有無數的盤點重複進行，既浪費資源又混亂，比較沒有組織系統化管理運作的機制。往往一個計畫做完就結束，無法持續累積成果。政府花了大把預算，卻沒有具體的指標可供量化分析，不清楚來了多少遊客，對當地帶來多少幫助。

因此，如果導入科技的演算與分析技術經驗，未來運用在社區營造與區域治理的面向上，就能突破傳統人力運作的方式，全面改善社區組織的發展困境。

以地方均衡發展為目標的社區營造

二〇二〇年，我們以社區創生為竹山發展重點，期待竹山社區的創生經驗，能帶給各地社區經驗不同的觀點。

一九六〇年代，因聯合國社區發展運動的影響，台灣開始有了「社區發展」的核心理念和政策推動。不過直到一九九四年，當時的文建會副主委陳其南提倡「社區總體營造」概念之後，「社區營造」一詞才逐漸廣泛使用。

一般來說，社區營造是針對不同社區議題所進行的行動，日本千葉大學名譽教授宮崎清將這些議題區分為「人」、「文」、「地」、「產」、「景」五大類。

「人」指的是社區居民需求的滿足、人際關係的經營和生活福祉之創造；

「文」指的是社區共同歷史文化之延續，藝文活動之經營以及終身學習等；

「地」指的是地理環境的保育與特色發揚，在地性的延續；

「產」指的是在地產業與經濟活動的集體經營，地產的創發與行銷等；

「景」指的是社區公共空間之營造、生活環境的永續經營、獨特景觀的創造、居民的自力營造等。

台灣社會需要更多遭遇挫敗，依然咬緊牙根拚命向前的故事。

社區營造基本上是社區自發性的行動，但多數公共議題的推動，仍需公權力的介入或公部門的補助。因此政府在政策上是採取「社區協力政策」方式，政府部門提出計畫方向與價值，計畫內容與執行則開放給社區組織提案，並視提案內容規模及可行性來給予適度的補助。並以「由基層到政府」、「民眾參與」、「社區自主」、「永續發展」等運作原則與方式，培育和凝聚社區意識。社區營造政策的規畫與執行方式，都與一般政策大異其趣。

文建會於一九九四年提出「社區總體營造」並推動了數項補助計畫，後來才逐步由文建會擴展到其他中央部會，例如環保署的「生活環境改造計畫」、經濟部的「創造形象商圈計畫」；二〇〇二年整合為「挑戰二〇〇八——國家發展重點計畫」中的「新故鄉營造計畫」，進行政策執行與觀念推廣。

然而，數十年的社區營造經驗，積累到今天，應該進一步運用智慧科技工具，更聰明的去理解過去的經驗與教訓。是否能夠有一套人工智慧系統，協助非營利組織分析、評估與決策？

所以，我們以社區營造「人」、「文」、「地」、「產」、「景」的指標，進行系統規畫，期待打造一套系統，更清楚理解每年推動的社區發展行動，究竟為當地帶來什麼樣的變化。社區發展的方向，應致力於「人」、「文」、「地」、「產」、「景」的均衡發展，而非只剩下觀光的「人潮」與「錢潮」。

悄悄改變的地方運作模式與機制

在經濟部中小企業處計畫的支持，以及中衛發展中心團隊的輔導陪伴下，「小鎮智能」團隊於二〇一九年啟動，正式推出竹山數位身分證及光幣系統。不到一年時間，數位身分證已發行七千多份，已有兩萬多筆社區足跡，目前持續累積中。

我們也開始運用這樣的技術，與高等教育系統共同開展新的合作計畫。目前正協助大學開發數位學習身分證，協助授課老師將真實的問題個案導入校園，成為學生的學習課題，進一步引導學生走出校園、進入社區，面對並嘗試解決社區真實且複雜的問題。每次學生進場，都能留下完整的學習足跡，系統會運用演算法計算學生的學習效益，老師可依據相關數據來評估學生現場學習效益。同時，課程能夠透過光幣的流通特性，將老師出題與學生解題的互動，產生學習數據資料，來促進學生在真實議題參與的學習，落實無疆界教室的創新教育。

若進一步探討，就會發現竹山小鎮日常使用的法定貨幣，往往透過網路與連鎖門市的消費，讓地方的貨幣大量往城市流去。也就是鄉鎮的地方經濟，都被城市的商業活動給吸收了。我們應該積極開發屬於地方鄉鎮使用的封閉型態的數位貨幣，也就是限定在地方交易的貨幣。當大家交易的次數增加，地方經濟產值也會隨之成長。而未來是否有機會在經濟相對弱勢的鄉鎮，提供地方限定使用的數位社區貨幣，成為振興地方經濟短期解決方案？也許那會是一個全新的地方生活樣貌。

如果能在竹山小鎮持續收集鄉鎮問題，以科技創新應用做為解決鄉鎮問題的技術基礎來進行各種實驗，未來，這個小鎮或許將有機會成為鄉鎮科技運用的研發中心。

二〇一九年，外交部帶來十幾個國家的大學校長，親自到竹山小鎮觀摩社區創生技術應用，大家都為之驚豔。在這趟竹山海外鄉鎮人文科技體驗的經驗交流之後，我們仍然渴望擁抱創新科技，帶著小鎮勇敢邁向國際。

第六章

敏感又專業的雜事

培養整合資源與平台、

翻轉地方未來的關鍵能力。

社區營造起始於人與人之間的連結。然而長期以來，我們的教育體制並未培養出面對不同意見時，能有效溝通談判、異中求同的公民能力。因此，如何整合地方事物，成為能否成功翻轉未來的關鍵能力。

當年，我一個人重建老屋，到民宿業務的拓展運營，再到社區營造的事務整合，這些歷練讓我在錯綜複雜的地方事務上，有著極為深刻的感觸。暨南大學的林吉郎老師，常帶學生來竹山參訪、進行社區服務，並發動在地居民共同參與，甚至號召大家進入竹山鎮的太極峽谷清垃圾、維護環境，並舉辦地方小型研討會，試圖引導居民去探討、發掘，自主關注社區生活議題。

「天空的院子」草創之初，我也曾以民宿管家身分參與。我懷抱著半信半疑與不可思議的心情，好奇那樣無關生意、看似無關緊要的活動，如何能把大家凝聚在一起、共同關心與投入地方的公共事務？

這樣的經驗深化了我的思考。我經營的只是一家六個房間的地方小民宿，但

沒有時間，也沒有必要評論他人是非，
掌握時間，才能前進。

還是應該思考，我的經營是否會對地方環境造成負擔？我是否能帶給地方更多幸福美好的感受？如果我只想賺錢，卻毀掉了生活環境，那麼未來如何能永續經營呢？因此，學習從「自我」到「無我」，就是社區營造帶給我的不同視野與啟發。

當我親身投入社區參與，一路走來，我體會到許多人情世故、人性的矛盾、糾結與衝突。這一段又一段的煎熬考驗，讓我逐漸體會到：雖然社區營造的本質應是利他的精神號召，但實際運作卻不能只停留在長期仰賴志工的運作模式。若人力僅靠義務協助、經費來源仰賴勸募或向政府申請計畫案，而無法長期穩定的持續進行，是不切實際的。社區志工有空就來，沒空就缺席；經費有時無法順利募集，事情就不做了嗎？

因此，將社區生活議題、創造社區生活福祉，植入商業運營規畫中，就成為企業經營的重要目標。在商業經營的同時，滾動出在地能量，也激起對地方的深切情感，如同我早已將竹山視為第二故鄉。

竹山光點小聚與竹巢學堂

到底地方居民關注些什麼？想要，甚至渴望改變些什麼？我曾努力想找出地方上所有人共同的交集，然而耗盡心力、用盡各種溝通方式，走到最後即使找到了價值共識，但執行時做法卻永遠難一致。

於是，那些最熱切、最積極投入地方事務的人，往往也都是被誤解最多、被扭曲最大、最難過的悲劇英雄。原本熱愛地方的青年，在無法突破困境的情況下，往往成為憤怒的地方青年，這種戲碼在全台各地的社區營造個案中，不斷上演。

因此，若想要在經歷各種挑戰、質疑與紛擾後，仍能起身繼續前進，就必須具備這樣堅定的信念：「我們的行動，是源自內心對改變地方的迫切性與長遠目標，盡量避免被各界評價影響，應該全心全力積極投入，才能讓改變持續發生。」然而，生活於地方的每一個人，都有不同的觀點與意見，甚至有錯綜複雜的利益糾葛，許多核心工作在難以溝通的困境之下，成效實在無法令人期待。因此，我決定用公司型態，投入社區發展工作，並且產生可持續的商業運營模式。

為了凝聚在地資源，同時也將自己企業的資源導入，協助在地發展，我們成立了「竹山光點小聚」，並在竹山鎮上台西客運車站旁租下一座閒置多年的老倉庫，成立「竹巢學堂」，引進雲林科技大學的教學資源進駐竹山，特別商請張文山教授協助設計課程、講座、研討會等。張文山老師多年來包容我們各種任性的需求，長期陪伴在我們身旁，對於一位每天被各種會議、計畫、課程、評鑑與升等弄得焦頭爛額的大學老師來說，真是非常不容易。有幸與張文山老師多年共事相處，我滿心珍惜這難得的緣分。

我們希望建構一個關心社區事務的長期文化氛圍，因此決定在每個月最後一個星期五晚上七點到十點，邀請當地居民來聚會，主動參與、關心自己的故鄉，解決彼此的問題。

保持身心安定，
情緒的張力才無法駕馭思考。

只是，這個構想起初反應寥寥。四年前，第一場「竹山光點小聚」，整個小鎮只來了四個人！所有同事一臉鐵青。他們說：「這個地方不需要再辦這樣的活動，因為，當地人根本不在乎。」

我永遠記得同事的失望與沮喪，畢竟籌備了將近一個月，桌上豐盛的餅乾與飲料，相較於到場人數，顯得格外的落寞與冷清。

但是，我的看法與他們卻有很大的不同。

為了避免負面情緒延續，我告訴年輕同事：「先深呼吸，把情緒安定下來。每個問題背後，都隱藏不同面向的訊息與解讀空間，必須靜下來、花點時間去發現新訊息，不要被情緒困住。我們還可以換個角度來看，『這四位居民為什麼願意來？』，而不是『為什麼只有四個人來？』在沒有任何資源與經費支助下辦活動，這四位居民無所求的遠道而來，是否更應該珍惜他們，而非怪罪當地人！」

我相信，只要持續的用心舉辦，這間學堂以後一定會滿滿都是人。果不其然，之後來參與的人愈來愈多、交流愈來愈熱絡。轉眼間，「竹山光點小聚」風雨無阻，如今已邁入第八年，而且每次聚會都非常踴躍熱絡。除了社區居民來參與，更有來自各縣市，甚至中國大陸與馬來西亞的朋友遠道而來。這已不再是單純的社區活動了，長期的積累已成為一種獨特的地方生活文化，讓人感動。

不要看「欠缺的」，看到「還在的」

在偏鄉小鎮推動居民自覺、參與地方事務，當然不容易。尤其一開始，在地居民反應淡漠是稀鬆平常的，若不能抱持長遠格局用心持續推動，只看到「欠缺的」，卻看不見「還在的」，如此輕易放棄，事情怎麼辦得下去？我懷著永不放棄的心態，持續不懈鼓勵居民上台發聲，也邀請竹山當地企業家、藝術家來分享，並隨時視情況調整，分組討論。例如青創者想發展一項計畫，或是小農在推廣農特產品時遇到困難，大家可以集思廣益，盡可能當場解決，必要時引入外面的資源協助。

此外，我們租下竹山鎮上閒置的房子，透過「小鎮文創」專業換宿的方式，建立免費住宿機制，邀請更多專業人士，運用自己的興趣、專長或經驗資源，認養竹山居民議題，參與竹山的蛻變。

無論是對青創、小農的扶持，或是友善家鄉、社區營造的推動，都需要各界長期的陪伴與幫助。社會教育、地方生活福祉的推動，無法旦夕促成，把竹山實驗場當作學校，既是事業，也是志業。

如果單純從企業經營的角度來思考，我不需要做這些事；但如果把竹山視為故鄉，我需要做的還有很多很多。換個角度來看，如果我選擇只用心投入自己的商業經營，或許現在也還只是個尋常的民宿業者，人生歷練與風景也將全然不同。

竹山光點小聚啟蒙——埔里桃米生態村

然而，為何我會在竹山小鎮舉辦社區長期交流學習的「光點小聚」呢？這要從大約十年前說起。當時我受「新故鄉基金會」的廖嘉展老師邀請，到埔里「阿朴咖啡」交流與分享，這次經驗對我產生很大影響。

我記得，當時是一個平常日的晚上，我七點抵達現場，居然有好多埔里地方青年聚集在一起，關心埔里的公共事務，這讓我非常驚訝，我深深感受到埔里青年想改變地方的力量。那個晚上的交流非常熱絡，彷彿為當時剛成立「小鎮文創」的我點起了一盞明燈，引領我思考，如何讓竹山跟埔里一樣，看見地方青年參與的力量。因此，「竹山光點小聚」開始了。

整個過程，讓我發現地域間彼此學習與交流的重要。如何把跨域學得的視野，帶回家鄉實踐？大家有機會更有效率的互相學習與實踐，也是台灣小而美的環境所帶來的優勢。

於是，我經常與廖嘉展老師交流與學習，甚至在埔里暨南大學共同授課。在桃米社區上演的這場人生演義，於蛙鳴、蝶舞中翻轉了小山村的命運，也對社區營造發揮了相當程度的影響與示範作用。

做友善當地的事

在南投埔里的南方，有一座山，許久以前，當埔里對外交通還十分不便時，埔里人要挑米到水里販售，都得翻越這座山，因而命名為「挑米山」；而山腳下那個能休息、歇腳的地方，漸漸有人落戶定居，形成叫做「挑米坑」的小村落——這就是埔里桃米社區的前身。

這座籍籍無名的小村落，曾經是南投最貧窮的里之一，更因為地處邊陲，埔里鎮的垃圾掩埋場、廢土場，就設在村子的東邊，居民甚至自嘲這裡是「垃圾里」。

能將地方的風土壯大，又能養活自己，
就是地方創生需要的生存能力。

一九九九年，九二一大地震撼動全台，卻也將受災嚴重的桃米里震向新的轉折點。時間推溯到一九八九年，在《人間雜誌》擔任攝影編輯、採訪主任的廖嘉展，於雜誌停刊後，與夫人離開台北，遷居埔里。原想好好寫作，為了維持生計，開過國術館，也為《天下雜誌》做過〈發現台灣——濁水溪專題〉。之後，廖嘉展老師受邀到嘉義「新港文教基金會」（一九八七年成立，致力於鄉鎮振興）擔任執行長，在那三年時間裡，累積豐富的社區營造工作經驗，也深受啟發。一九九九年，廖嘉展籌組「新故鄉基金會」，倡議一種價值認同——即使不是自己的原生故鄉，但只要認同所在的土地，願意努力奉獻做友善當地的事，那裡就是自己的新故鄉。

九二一地震後，「新故鄉基金會」受邀協助桃米里進行災後重建。「猶如許多偏鄉普遍存在的現象，因為貧窮，年輕人對自己、對家鄉缺乏認同，甚至否定自己的出身，加上沒有工作機會，為求生存，人口外流……而災後的桃米社區更為嚴重，因此，最大的挑戰，是如何發展新的產業，創生地方的能量，把信心拉起來……」

廖嘉展老師明白，要發展新產業、振興地方，若缺乏地方資源支持，就算有政府計畫的方案補助，案子結束，所有問題依舊回到原點。

在進行地方資源盤點時，「新故鄉基金會」委託「集集特有生物中心」祕書彭國棟先生到桃米里做生態調查，發現這個僅十八平方公里的小村落，竟擁有極豐富的生態資源，例如台灣有二十九種蛙類，桃米里就發現了二十三種，另有蜻蜓五十六種、蝴蝶一百五十一種、鳥類七十二種……。附近水流清澈、植被蔥鬱，農田、森林、村落及多樣性的濕地交錯，「生態村結合生態旅遊的產業雛型被勾勒出來，我們在這樣的架構底下，發展桃米社區的願景。」

廖嘉展老師表示，當時透過專業協助，朝著建立社區文化、凝聚社區共識、建構社區生命共同體的前景發展。最初以清溪活動做為重建家園的起點，進行了兩年的封溪治理，而桃米溪是村裡率先以生態工法改進的河流，同時建造了親水公園、觀景台，公園內大量種植九芎樹和野牡丹等植物。

里程碑一：從桃米村到桃米生態村

成果逐漸顯現，桃米社區建立了以青蛙觀光為特色的生態旅遊休閒產業，「青蛙共和國」成為新的文化符號，走進桃米村，處處是可愛的青蛙雕塑和圖案。濕地公園及一家家民宿庭院裡都有為青蛙營造的生態池，連廁所也用「公蛙」和「母蛙」來區分，還能看見村民利用紙、布、石頭等材料，製作成各種青蛙造型的手工藝品。

在建構生態體系之外，人才培訓也是生態村永續經營的另一成功關鍵。在彭國棟與廖嘉展的協力規劃下，桃米社區推動解說員認證制度。要成為桃米社區的生態解說員可不容易，得通過筆試、戶外考試、幻燈片考試等多項考驗。經過優秀的解說員專業又活潑生動的導覽過程，讓來到桃米生態村的遊客玩得盡興、深刻又感動。

更讓人動容的是，這些參加培訓的在地居民，有些只有國中學歷，有些原本

地方創生不是用講的，也不是用寫的，是居民主動求變，在地方自然生長出來的。

務農、開計程車、當水電工……在震災後，願意留在家鄉接受培訓。而學習也帶來了美麗的蛻變，當他們沉浸其中，隨著生態專業的提升，有了新觀念、新視野，就深深啟動了內在生命與這塊土地的連結，這些青壯族群原本就生長於此，比任何外人都了解故鄉，在帶導覽的過程中，能將環境生態觀察及專業素養結合，解說深入淺出且生動活潑。

過去，他們可能對家鄉缺乏認同，覺得自己是沒用、沒有未來的人。然而，他們發現家鄉竟然這樣精采、生態這樣豐富、有那麼多遊客想來認識這裡，這才察覺家鄉這麼棒。而在為遊客解說家鄉大小事的過程中，得到關注、鼓勵與掌聲，也對自己有了更高的信心。

此外，為了發展生態旅遊，必會衍生出周邊相關產業，桃米社區也有計畫的培訓社區媽媽，讓她們精進廚藝、學習餐飲經營；並邀請農委會、世新大學等多位專家，規劃一系列休閒產業相關課程，引導村民學習民宿經營。如今許多桃米村的媽媽，從家庭主婦變身為蜻蜓專家、餐廳主廚，而竹筍工廠老闆成了最佳青蛙解說員、筍農變成民宿老闆，有些民宿老闆還成了生態攝影專家……一連串神奇的改變，在桃米里持續發生。

里程碑二：紙教堂

在桃米村重建過程中，紙教堂堪稱關鍵性的項目。

一九九五年阪神大地震後，日本建築師坂茂希望為災民貢獻一份心力，為在震災中燒毀的神戶鷹取教會建造臨時性的紙教堂。二〇〇五年，紙教堂功成身退，決定拆除。這時廖嘉展老師剛好前往日本參加阪神地震十週年活動，聞悉紙教堂要拆除，就表達希望能將之引入台灣。一方面能保存特殊建築，做為某種精神象徵；另一方面，他一直在思考「新故鄉基金會」的轉型，與桃米生態村的永續發展，若能設立一個園區，有獨立的收入，就能有較充分的資金來支撐各種社會公益、地方治理項目，也能吸引更多人造訪，一窺桃米生態村的美好。

如此因緣際會，日本將原本要拆卸的紙教堂捐贈台灣，遠渡重洋來台後，花了三年時間在桃米生態村重新整建起來，成為台灣第一座紙建築。教堂內部由五十八根紙管支撐，室內外長椅也都是紙做的。白天，給人溫馨沉靜的美感；入夜後，當橙黃色的燈光亮起，整座紙教堂燦爛輝煌，與水面上的倒影相互暉映，分外顯得歲月流金、光陰靜好。

起初，許多人並不看好，但紙教堂確實為桃米生態村帶來新的氣象。不僅獲得媒體重視廣為報導，更吸引大批遊客慕名而來，從而帶動地方休閒產業的蓬勃發展；也得到文化界、宗教界與社區重視，甚至多次被編寫入國小教科書中，成為社區營造及生態保育的美好典範。

如今，當遊客來到桃米生態村，紙教堂是必訪的重頭戲。接著，可以漫步於溪濱，沿途景致宜人，也可遊賞別具特色的植物園區、苗圃、生態池……。

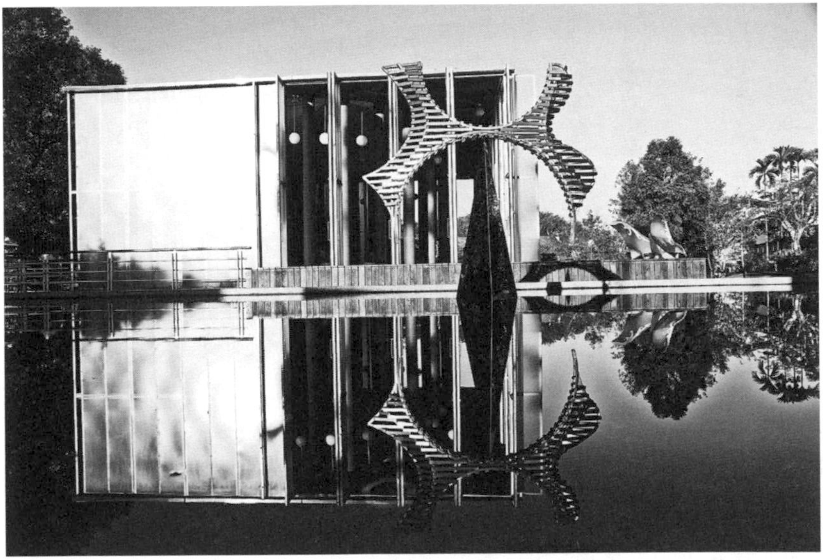

從日本遠渡重洋落腳桃米村的紙教堂（©埔里新故鄉基金會）

村中有超過三十家各具特色的民宿可供選擇，白天不妨預約民宿主人進行生態解說，夜晚則可品茗賞月，享受群蛙合鳴的天籟。氣候不佳也沒關係，山中觀霧聽雨，別有清趣。

里程碑三：再現埔里蝴蝶王國計畫

南投縣的蝴蝶有三百三十種，居各縣市之冠，埔里一帶就有兩百多種。日據時期，著名昆蟲學者松村松年曾來到埔里，看到滿山滿谷的蝴蝶，直稱這座山城是「蝴蝶村」。而日人在埔里街上開設的「日月旅社」，每到夏季，就湧入從日本來採集蝴蝶的學生。「抓蝴蝶販賣」曾一度興盛，並歷經戰後中斷、復甦、繼而消失的產業興衰。

「我們進而思考，有沒有可能將桃米村的經驗，擴大到整個大埔里地區。」根據「新故鄉基金會」網站資料，二〇一〇年，「新故鄉基金會」與「大埔里觀光發展協會」合作，啟動「再現埔里蝴蝶王國計畫」，跨域串聯公私部門，從地方政府到中央部會（文化部、林務局、環保署）、埔里鎮內的小學到大學、NPO組織到產業界，以及諸多社區與地方人士，都積極參與計畫的推動。

農業處允諾協助既有苗木的提供，以及食草及蜜源植物的培育。觀光處在「埔里山城虎頭山設施整備工程」計畫中，將綠美化植栽擇定以蝴蝶食草及蜜源植物為主，創發地景特色並結合區域的願景實踐。在多次協商、會勘後，林管處也同意於賞蝶步道兩側無人承租的林班地，進行蝴蝶棲地復育，並支援無患子、青剛櫟等植栽。在林務局支持下，發行《埔里賞蝶手冊——埔里地區常見及代表性一八八種蝴蝶》專書，進行解說員進階培訓工作等。

二〇一二年，「新故鄉基金會」以「與蝶共舞——蝴蝶棲地與特色景觀圓夢計畫」入選環保署「環境教育圓夢計畫」，串聯了一群熱愛蝴蝶，並願意投入蝴蝶棲地營造工作的熱情朋友。在環保署、紙教堂、「18度C」巧克力及義工的協助下，共種植了六千三百五十二株蜜源植物，兩千五百六十四株食草植物，為蝴蝶打造理想棲身處所。

從九二一大地震至今，二十年過去了，桃米村也從環境雜亂、貧窮無助的邊緣社區，轉型為融合無毒農業、生態保育、文化創意、旅遊體驗的休閒農業區。「但重點不在做文創、旅創，那反倒是附屬的。」廖嘉展老師提到，「新故鄉基金會」的願景，是更進一步著重於地方治理、地方創生，透過社群營造的過程，啟動社會力量，讓故鄉愈來愈好。

台灣地方創生元年

「新故鄉基金會」的願景，似乎也響應國家政策的方向。當然，不只是「新故鄉基金會」，近來，「地方治理」、「地方創生」等議題，已廣泛受到各界關注。

沒有文憑，就靠能力；沒有能力，就靠熱情；
沒有熱情，就靠自律；沒有自律，也還有骨氣。

行政院兩度召開「地方創生會報」，將二○一九年定為「台灣地方創生元年」。國家發展委員會並將之定位為「國家戰略層級」的國家政策，面對人口減少、高齡少子化、人口過度集中大都市，以及城鄉發展失衡等問題探討對策，未來將以維持總人口數不低於兩千萬人為願景，逐步促進島內移民及配合首都圈減壓，達成「均衡台灣」的目標。相關議題頓時成為顯學，引發熱烈討論。

若上溯至一九九四年文建會提倡的「社區總體營造」，對照「地方創生」概念，不難發現二者脈絡相連。世界各地都有類似「社區營造」的經驗，例如在日本稱為まちづくり，在英語世界稱為 community building、community development 等，談的都是在地居民持續以集體行動來處理社區的生活議題，在解決問題的同時，也創造共同生活福祉。

至於「地方創生」一詞，則來自日語的ちほうそうせい，概念是致力於推動當地經濟復甦，讓年輕人放心回流城鄉就業發展。

當年我從埔里「新故鄉基金會」在桃米社區的發展歷程，看到民間的力量。然而，從相信到親身參與，如今我更能體會廖嘉展老師一路走來的艱辛。他在那樣的年代，懷抱那樣的情懷，義無反顧犧牲奉獻的精神，他所示範的責任與使命，引導大家在黑暗中堅定的往理想方向前進。

大林萬國戲院的故事

在嘉義大林鎮，也上演著令人激賞的故事。

我還在擔任民宿管家的時候，有一天收到一則陌生訊息。發訊者提到，他是一名職業軍人，曾在媒體看到關於「天空的院子」的報導，於是讀了我的前作《有種生活風格，叫小鎮》。他讀得很仔細，書裡處處是他以各色螢光筆畫的線，以及寫在便利貼上的筆記。他即將離開部隊，打算回到嘉義大林，為故鄉努力。

這位發訊者是江明赫，後來成為嘉義縣大林鎮民代表，他也是促成大林萬國戲院活化的關鍵人物。我看著他離開軍旅生活，回到家鄉，歷經許多艱苦歲月，將地方閒置破敗的舊戲院重生翻轉，讓它成為八點檔連續劇的拍攝場景，甚至是大林的人氣打卡點。這樣充滿戲劇張力的發展，在我與廖嘉展老師的人生經歷中，彷彿也有著似曾相識的際遇。

現今的大林，常被謔稱為「不山不市」，因為區內無山、缺乏自然美景、沒有原民部落，也欠缺都市化的建設、便利。但事實上，在高速公路尚未興建以前，地處嘉義、雲林兩縣交界的大林，曾是南來北往必經的樞紐。早在清朝乾隆年間平定林爽文事件後，就設立了四個軍事要塞來管制，一八九五年乙未戰爭（台灣因《馬關條約》割讓予日本後，各地人民為抵抗日本接收統治而發起的戰爭。因適逢農曆乙未年而得名）時，居於重要的戰略地位。

由於軍營駐紮，早期的大林也被視為軍中樂園，阿兵哥多，有需求，就有商機，街頭巷尾茶室、旅社、戲院林立，娛樂業興盛，且因糖廠，土地肥沃而繁榮，曾躍居嘉義首富之地。隨著經濟發展，鄰近的民雄、雲林成立工業區，人口逐漸外移，大林卻慢慢沒落。江明赫也離鄉背井，但成為職業軍人的他，依舊心繫家鄉，退役後幾乎將全部時間與精力，奉獻給這塊土地。

創生新亮點，照亮返鄉路

他告訴我：「我希望能創造一個亮點，而這個亮點是大林二十一個鄰里、二十一個社區發展協會都有認同感的……」江明赫希望能復興大林小鎮，他翻遍史料，勾勒家鄉昔時風華，發現最足以喚起繁榮面貌的，就是戲院。

大林曾有四家戲院，但在錄影帶出租店出現後，戲院陸續歇業或轉做他途，有的成為色情歌舞團的據點，有的變成卡拉ＯＫ店。提起這些往事，老人家津津樂道，軍營裡的阿兵哥也絕不陌生，那是所有大林人的共同情感與記憶，也是見證大林繁華的最佳指標。

永遠不會有準備好的那天。你能為人生捍衛的，就是不畏嚴格的磨練與改變。

對江明赫而言，萬國戲院更是別具意義。他人生的第一部電影「國父傳」，就是在萬國戲院看的。他還看了「報告班長」，深受鼓舞而決定投身軍旅。當時的萬國戲院不僅是看電影、布袋戲及歌仔戲的地方，也等同社區活動中心，就連學校開學、畢業典禮都曾在戲院舉辦，有時也是喜宴場所。一家小戲院承載著滿滿在地文化記憶與情感。

萬國戲院地主樊豐正可能不太清楚小鎮創生、社區營造、友善地方等觀念，卻慷慨將戲院無償出借給江明赫。那時萬國戲院曾經一度改建，轉營運卡拉OK，但因遭遇祝融而閒置十年，破舊不堪，需要大力整頓，但是錢從何來？江明赫只好打長期戰。他先將戲院門面整修好，推出「萬國戲院點燈計畫」，將埋藏在大林人心中的萬國戲院，在黑暗中點亮，照亮大林，也照亮遊子回家的路。

這番美意獲得迴響，縣長點燈、攤商集聚，活動辦得熱鬧，也引發些許媒體效應。但猶如煙花燦亮轉瞬熄滅，活動結束，人群散去，江明赫也得回台北工作，只能靠假日趕回大林辦活動、為鄉民放電影。他沒有經費租買公播片，就借用圖書館藏的電影，「有時候來看電影的，就只有我、我家的小孩和狗。」即使如此，江明赫也沒有放棄，持續辦、持續做，為了社區發展積極加強專業，還攻讀南華大學環境領域藝術研究所，並努力經營ＦＢ、社群聊天室，寫信給很多老師、朋友，把自己的理念傳達出去。

老戲院新生

人說：「戲棚跤徛久就是你的。」江明赫堅定不放棄的努力，終於，萬國戲院慢慢吸引一些外地人來參觀。然而，那時的萬國戲院還只有漂亮門面，戲院裡仍是卡拉ＯＫ的隔間。為免來訪者失望，江明赫開始帶社區小旅行。

一團人預約也好、只來一個人也好，江明赫都特地從台北趕回大林，親自帶參訪者穿街走巷，導覽大林的人文歷史、地方特色、傳統老店……有許多店家小老闆就是江明赫的國中、國小同學，返鄉照顧年邁雙親、繼承家業。這些返鄉青年都見過世面，為老店帶進新觀念、新做法。

例如「泰成中藥行」，當地老人家可能不知道，但若說「當歸樓」，就會笑指巷仔內。早年以買賣當歸著名的「當歸樓」，已由第三代許開興接手經營，他買下一棟六十多年的老房子，結合老屋元素做為「泰成中藥文物館」，保留古色古香的檜木門、窗、櫃、花磚、龍鳳磚等，展示老舊製藥機及各種中藥器具，有傳統珍貴中藥材、也有許多稀奇有趣的老物件，還增設DIY教室，讓參訪者體驗傳統「製藥」、「抓藥」的樂趣。

「泰成中藥行」隔壁的復古眼鏡行「十信視界」也是六十年老屋，保留了老屋的元素，同時賦予了新思維，改裝後頗為亮眼。一般人旅遊豈會去逛眼鏡行？但「十信視界」就是能讓路過的人想進去瞧瞧。當訪客隨江明赫進去，才坐下，第二代接班人莊翰林就問：「要不要喝咖啡？」若非櫥窗擺著整排眼鏡，還真讓人以為來到了咖啡館。莊翰林決定接班後，就到中山醫學院進修、考取相關證照，因此他具備驗光配鏡專業。他還引進先進設備，使得「十信視界」成為嘉義鄉鎮中頗具專業高度的眼鏡行，甚至有人專程從台南來配眼鏡。

此外，綽號阿本的年輕人，因為愛喝咖啡，曾在外當了三年咖啡廳學徒，學得好功夫，才返鄉將家裡倉庫改建為「大十咖啡」（本字拆開就成了大十），是大林鎮上第一間咖啡專賣店。據說，阿本除了嗜咖啡外，還愛玩重機，而這裡已成為重機友聚集的休息點。

返鄉創業到人氣民代

與一般觀光導覽體驗最大不同的是，江明赫版小旅行是完全免費的，不帶任何商業色彩。軍職在身不得兼差、兼職，連萬國戲院的環境維護、水電費、日常修繕等，都是他自掏腰包支付。

你可以沒有資源，
但不能沒有決心。

這段期間，江明赫以社區名義向文化部申請到「私有老建築保存再生計畫」經費補助，總算能將廁所、消防、線路汰舊換新，並打掉舊隔間，蓋了小小的舞台。「那就像有個小舞台的大倉庫，是萬國戲院第二階段變身。」江明赫笑說，夏天熱，辦活動就發扇子、放冰塊。

後來碰巧民視連續劇「阿不拉的三個女人」在勘景，萬國戲院又有了新的轉折。「我跟他們說，這裡就像個挑高的攝影棚，很寬敞，不收你租金、不用繳水電費，工作人員吃、住都沒問題，需要臨時演員也有辦法，要拍下雨天？就找消防隊來幫忙……」江明赫努力奔走，祭出超優條件，終於說動劇組，把原預計落腳在朴子榮昌戲院的主場景改到萬國戲院。

由於劇情年代起於日據末期，民視砸下四百五十萬修復這座老戲院，台灣古早戲院風貌就在萬國戲院重生了！戲拍完，劇組撤走，內部變身為木造建築的老戲院保留了下來。隨著電視劇播出，以及江明赫的長期努力，萬國戲院和大林也漸具知名度，更於二〇一八年登錄為大林鎮全鎮唯一的歷史建築。

「人生充滿變數，有想法、有機會，就要試著去做，如果沒做，永遠得不到答案。做了，就算沒成功，也一定有收穫。」

江明赫回首一路走來，當初想為家鄉盡點力，初心如此簡單，卻滾出超乎預期的成果，人生也轉了個大彎。二〇一九年，江明赫辭去軍職，選上民意代表，希望更全心投入社區，為地方創生更大的福祉。

為鄉里挺身而出

無論從「竹山光點小聚」、埔里桃米生態社區，或江明赫守護並活化萬國戲院的故事來看，成功經驗背後都有著相似的元素。社區居民長期投注的心力，在耐心觀察、逐步釐清問題後，創造能引領地方發展的議題與目標，並善用社會資源，終於轉化成為社區集體成長蛻變的空間。其中，地方溝通與外部資源間的連動，是非常關鍵的。

修復後的老戲院（©江明赫）

在這樣漫長的煎熬中，總有人挺身而出，希望為地方帶來更細膩與感動人心的事物，這就是振奮人心的故事。

唯有身歷其境，才知冷暖。試著看看這些人對美好未來的想像，大概就能理解他們熱切的心情，與居然能耐得住如此敏感又專業的雜事。

第七章

孩子的視野，地方的教育

讓年輕人

成為家鄉嶄新的力量。

在竹山生活邁入第十五年，多年來，我長期關注當地孩子的教育環境。星期一到星期五，從國小、國中到高中，大部分孩子只在學校、補習班、安親班與家裡之間往返，到了週末，父母也許會帶孩子出去玩。

只是，如果這些孩子始終維持這樣的學習路徑，他們對於自己的故鄉，很可能是不夠了解的。等到高中畢業，他們可能就離開家鄉上大學了。當我們一心把孩子送到城市去完成體制內教育的同時，是否也該思考，如何賦予他們回到故鄉發展所需的知識與經驗？

我經常受邀到全台各地的大學，進行實務個案的經驗交流。每當經過教室走廊，看著裡面的學習情況，心中總是相當沉重。老師在台上努力講課，學生在課堂上滑手機、吃東西、發呆，蹺課的情況也不少。

與其檢討老師的教學方法，不如思考大學存在的本質與社會目的，明快的釐清與調整大學教育的意義。

我們期待大學提供一紙文憑，還是真實能力與經驗的養成？如果學生在大學投入四年時間，最後換到的不過是張只能換取低薪的文憑，學生寧可選擇打工，而非將時間花在深入學習。若要培養能力與經驗，就必須貼近學生實際的生活處境，而不是只求專業領域的提升。如今，他們連生存能力都有問題，又怎麼會渴望學習那些離他們既遙遠又陌生的領域呢？

大學陪伴鄉鎮成長

二〇一一年，我在竹山鎮上創立「竹巢學堂」，與張文山老師主持的「在地美好生活設計團隊」結下長期共伴竹山社區發展的緣分。

在這段期間，文山老師扮演策動者的角色，促成許多地方永續發展的實驗。從「竹巢學堂」建立，提供地方青創家對話與連結資源的空間，進而發展凝聚社區的「竹山光點小聚」，以及「青創品牌標準」的創業諮詢制度。

「竹青庭人文空間」則發展出「竹山光點聚落」這樣的群聚品牌共伴關係；並以「竹二代」青創傳承體系，帶動「一代帶二代，一班帶二班」的竹山青創家共創生態環境，最後與「頑石創意」負責人林芳吟合作，成功將「竹二代」推向台灣文博會與國際通路。

大家歷經了一年努力，才有機會站上國際通路的舞台，讓人體悟到從鄉鎮到城市發展之路，確實相當不容易。

張文山身為大學老師，還願意犧牲課餘及假日時光，無怨無悔參與竹山地方發展，默默陪伴大家，這早已超越了老師的工作，簡直就是竹山的志工了。

在竹山耕耘幾年後，在南投縣政府的鼓勵下，張文山老師以地域設計方法論，將竹山與鹿谷以跨鄉鎮的概念，發展「茶竹源鄉」地域品牌；為竹山大鞍社區「農村再生計畫」定出「大鞍生活－DAAN Hospitality」的十年發展藍圖；規劃竹山「地方創生自理引擎」與雲科大「大學在地實踐引擎」，

給他們一群真正的團隊與人才，
絕對會超越千萬的政府補助。

將鄉鎮育成機制與大學後育成機制完整結合，並在「竹山光點聚落」與雲科大 DreamHub 持續運作；以萃取地方五感ＤＮＡ的方法論，帶領雲科大團隊完成具國際共通語言的竹山在地五感設計元素，形成鄉鎮的公共資源、公共財，提供給地方單位做為應用設計的免費素材。

他還研究觀察社區貨幣與數位足跡等區塊鏈技術，對發展鄉鎮活化的數位生態系統的影響與經驗整理，爾後發表「可持續性在地實踐推動與永續發展論述」，以及「竹山地方創生發展策略」。

近十年來，我們深刻感受到地方大學陪伴鄉鎮成長的重要性，除了地方故事外，還需要專業整理的方法與論述，真正的傳承與培育才能務實的推動延續。透過陪伴社區共同成長的關係，從高等學府到與地方融合，循序漸進的將大學在地實踐的師生能量，適切對應到鄉鎮發展的需求，用時間換來機會，用機會獲取點滴成就。

除了雲林科技大學之外，東海大學的許書銘老師、卓逸民老師、伊志宗老師，他們正在啟動的「亞洲創生研究中心」以及「人文社會與科技前瞻人才培育計畫」，為培養能解決未來面臨的問題的人才，而不斷持續努力與創新。

跨越校園與教室的藩籬

現今，區域發展失衡，都會區面臨高房價、高公共建設投資成本及都市蔓延擴張侵蝕良田；鄉村則面臨產業外移、青年人口外流、人口老化及生活服務設施不足等課題。如何均衡發展，讓都市減壓，發展地方產業、人口回流、創造青年返鄉機會，已成產官學研各界首要課題。

這幾年來，地方鄉鎮在社區總體營造與農村再生計畫的補助與努力之下，雖然有許多成功案例，但許多地方在參考與學習資源不足的情況下，普遍產生事倍功半的狀況，在地文化特色未被彰顯，地方與社區的活化當然也就打了折扣。政府由上而下，一個口令一個動作的執行模式，耗盡許多財源與人力，也投資許多建設，但並未達到培養地方自主性，以及鼓勵創意發揮地方特色與社區事務總體經營等效果。

雲科大的支持系統，是從教育的本質出發，思考如何藉由教學實踐的推動，以田野調查、設計培力、社會設計、體驗設計、服務設計等方式協助解決社會議題。並導入大學社會責任及問題導向的方式，教導學生不僅要掌握新興技術，更要時時關注社會議題，期望學生面對快速變化的新興挑戰與複雜情境時，能完善解決問題。

當今學生學習型態多元，學習已不僅限於課室內，更希望能在真實場域中，鍛鍊學生跨域合作、精煉技術、擁有多元探索問題的機會。因此雲科大針對「學校推動機制」、「教師教學輔導」、「學生真實場域試煉」三大面向，進行策略擬定與推動。在實施高教深耕計畫後，學校將成為尊重個體差異與個人興趣的自主學習型大學。

這樣重質不重量的教育方式，是我所認同的，我也期待能有愈來愈多這樣的教育抉擇，持續鬆綁當前的既有體制（包括專業系所、必選修、課程學分數、修課限制等），並以學生為核心，透過問題導向、興趣導向、團隊合作的跨域統整課程（如：合科課程、ＰＢＬ模組課程），以及可自由募課的微學分課程，將多元議題帶入校園討論、辯證，與提出多元解決方案，讓學生有參與社會責任計畫的機會。期待學生進入社會之後，能具備解決問題的素養與能力，並爭取自己永續生存的機會，也就是透過實踐、自我探索，認識真實的社會樣貌。

理論與實踐雙向並行

張文山老師認為，竹山共伴的主要創新點，在於大學社會責任的理論與實踐應雙向並行運作，讓師生在深入場域做專業實踐的同時，也能從中獲得理論的印證。

由於早期大學的理論與實作課程並未直接與應有的基礎能力結合，例如農業的基本概念、美學設計能力、實體通路開發能力、科技應用能力、社區營造溝通能力等，因此學生即使畢業了，也缺乏在地創生的基礎能力。就算有意願回歸地方，卻發現沒有經營地方的基本能力，還是只能回到城市找工作；而大部分大學老師除了教學與研究之外，比較熟悉的工作模式是承接業界的產學合作計畫，經常是一種甲方與乙方的合約關係。

但是，大學在地實踐的立場，並不是這種只有權責義務與商業價值的對應。把師生帶出校園與教室，進入全新且毫無經驗的場域，是非常困難的，也是大學老師難以介入的門檻。

因此，雲林科技大學特別發展了以連結感設計（Connectedness Design）與服務設計（Service Design）串聯的大學在地實踐方法論，將學校與場域、教室與學堂、課程與活動，做連結感的設計架構，並以服務設計的「雙鑽石設計流程」的 4Ds（Discover〔發現〕、Define〔探索〕、Develop〔發展〕，以及 Deliver

（實行））為基磐，讓教師貼近產業，貼近地方，以大學的知識深化經驗，橋接到業界以專業貼近需求的環節，讓學生捲起袖子做設計、在現場操作，建立優質的「親產學」環境，學生因此與地方產生連結，了解社區及文化價值，從思想上向下扎根。

地方的社區或聚落也要自我連結發展，除了主動創造當地特色之外，也應積極與其他地方和城市發生連結。地方單位不應只是單純的接收訊息，還需集結地方資源數據，以做為翻轉到城市的依據。透過大學體系進入鄉鎮的同時，發展科技應用與社區學習機制，建立在職教育與回饋地方的機制。

從竹山出發的理想地方教育

台灣的教育體制，理當把大學、高中、國中與國小連結起來，重新思考如何培養孩子具備在城市與鄉鎮生存與移動的能力。然而，從國小到大學，這些

在農村裡，要有一支屬於自己的鋤頭，你的鋤頭就放在門口。

教育機構幾乎都是平行運作，彼此沒有太多交集。地方的國小、國中到高中，也少有機會到鄰近的大學參訪、學習與交流，相當可惜。

我與張文山老師共事了很長時間，培養深刻的默契。如何將我們在竹山累積了十五年的地方發展經驗，透過大學體制，轉化為培養竹山人才的養分？也許能從竹山教學現場出發。

為了一步步實現我們對地方教育的夢想，張文山老師啟動了雲林科技大學的「社會責任實踐計畫」（USR），進入竹山與鹿谷地區的國小、國中到高中，積極結合鄉鎮校長與老師，共同透過大學計畫進入當地，大家協力展開家鄉認識能力培養的相關課程。竹山、鹿谷的校長與老師都熱烈歡迎！

我們期待努力搭起橋梁，串接起彼此的能量，未來，若是國小、國中以及高中，都能提出各自的校園社會責任計畫，也許就能燃起孩子對社會關懷與實踐的熱情。

活化校園

我曾受邀到東海大學分享竹山經驗。每一次踏進東海大學，心中總因美麗的校園與特有的人文氣息，而有難以言喻的平靜與感動。如果一位外地人，對於一所大學有如此強烈的感受，就說明大學本身深具魅力。看著校園內的老師與學生，一起坐在茂盛的樹蔭底下，不時傳來開朗笑聲，遠遠望去，真是一幅美好和諧的大學景象。

由於我在「小鎮文創」推動青年創業，因緣際會之下，認識了東海大學企管系的許書銘老師。後來，我們從培育校內青年創業團隊、建構校內社會創新生態系統、典範校園的規畫、體驗實作課程的推動等面向展開合作，陸續連結校內不同教學與行政單位，以及高教深耕計畫、USR計畫等。

「小鎮文創」與東海大學的合作過程是非常有趣的。一方面，小鎮經驗持續正向影響東海大學在人文社會主題上的教學創新；另一方面，東海大學的教研能量也壯大了「小鎮文創」在竹山的小農、青年的培力。東海大學一直是「小鎮文創」重要的合作夥伴。

之後，我又認識了東海大學王立志副校長，他非常重視學生能力的培養，他引領學生關懷社會、思考如何解決社會問題，甚至親自帶老師到訪竹山，與地方青年創業家交流。

王副校長的熱情投入讓我非常感佩。後來，我又認識了卓逸民老師、伊志宗老師，大家持續積極的投入東海大學地方創生人才培育領域的相關工作。

重振大學社會價值

台灣已將地方創生訂定為重大發展策略，以解決城鄉在貧富差距以及人口結構變遷過程中，在質量上所面對的危機，希望大學培養能有效執行的地方創生策略、協助國內外社區建立可永續發展的人才，讓年輕人深耕、繁榮地方，以吸引人口回流。

一九五九年，東海大學社會系教授亨德（James Hunter）曾提出：「一所大學假如對它四周的社會和環境毫不關心，這所大學將失去它存在的價值。」在這個使命下，學校希望藉由建構地方創生人才的全方位培育系統，來對台灣及東亞地區目前面臨的地方創生議題做出實際回應。

於是，過去這兩年我頻繁往返竹山與台中，定期與東海師生研討如何進行地方創生人才的培育，學校也多次拜訪竹山「小鎮文創」所輔導營運的各個創生據點，充分了解發展模式，以及實際場域的運作經驗。

台灣面臨高齡少子化趨勢的衝擊，導致大學招生困難，活化校園已是刻不容緩的議題。因此，我們將在竹山已發展一段時間的數位學習身分證系統，引入東海大學的實習農場、實習商店，以及實習民宿，幫助東海師生以「實際計畫」（Real Project）的方式解決問題，仿效「小鎮文創」結合人工智慧與社區營造的方式，利用「小鎮智能」建立的科技工具，搭配一系列鍛鍊學生對自己、對他人、對環境的不同層次品格領導力等相關課程，培養學生地方創生所需技能。

東海大學在人文創新、社會實踐以及地方創生等主題上，有相當多創新的做法。從最早開始為了推動創新創業成立了「達文西共學共創中心」，結合住宿學習成立的「創新創業村」，以及結合東海校園推動的「紅土農場」、「東海小棧」，這些計畫都是結合學校自身優勢與特色所發展出來的，而許多行動方案，則是東海師生團隊和「小鎮文創」夥伴腦力激盪的成果。爾後，「東海小棧」不僅成為東海大學的衍生事業，還成為跨系所師生結合課程創新實作的實踐場域。

在推動地方創生領域方面，「亞洲地方創生中心」及「地方創生碩士在職專班」的設立，都是台灣大學界的創舉。東海和「小鎮文創」長期討論的核心問題是：「畢業生未來從事地方創生，最需具備的能力是什麼？」東海大學不斷從場域實作、共學共創過程中累積經驗，已成為具有強大能量的地方創生人才培育基地，他們積極創新、轉型，在各項大學社會責任與社會影響力的評比上表現優異。

「小鎮文創」從二〇一七年以來，實際參與了這個過程，不但與有榮焉，更高興能有這樣一個深具創新能量的好夥伴，陪我們一起成長。

傳統教育的蛻變

修平科技大學位於台中大里，在校長與老師努力不懈的信念之下，成功讓這所大學翻轉了困境，還強化了社會影響力。

二〇〇八年，我還在「天空的院子」擔任民宿管家時，因為與修平科大李文

擔心孩子摔破碗，就給他們塑膠碗，可能就失去培養謹慎態度的機會了。

明老師有共同朋友而認識，初次見面就相談甚歡。後來，我受邀到修平科大進行創業經驗分享。幾次交流下來，看到課堂上學生無法專注的困境，讓我感到相當憂心。

因此，李文明老師邀請我到修平科大擔任教學創新老師，並且以竹山為修平科大的學習場域，向教育部提出為期三年的「智慧生活整合性人才培育計畫——創新創業人才培育計畫試辦計畫」。令人振奮的是，修平科大參與了台灣大學周素卿教授主持的計畫，並成為獲選的六所大學當中，唯一的科技大學。

為了啟發大學生學習動機與興趣，李文明老師把學習場域從學校搬移到竹山，十二個班級、五百二十五人次到訪，學習如何盤點在地資源、運用在校習得的專業，對地方社區做出貢獻。學生團隊合作協助地方寶特瓶回收，並以裝置藝術改造街景，將社區意識及環境永續觀點融入學習課程，展開了從做中學的行動與意願。

在這樣的歷程中，我意外發現學生截然不同的一面。我感受到，原來「教育」並不一定要在學校進行。如果學生能移動到現場，發現地方的問題、進行實際探索，往往能展現出更高的關注與參與。

學生愈來愈理解竹山的發展脈絡後，李文明老師就著手規劃以竹山為基礎的「創業提案競賽」，共舉辦十場以產學接軌與場域實作的「霧太達利夢想家」創業團隊分享，其中一組學生還登上《遠見雜誌》的專訪報導，大家都非常興奮。

看著這些學生一點一滴的變化、愈來愈多老師參與，以及校長全力付出，心中著實感受到：教育確實是讓人尊敬的良善志業。

為了推動創新創業教育，修平科大定期召開「三創委員會」，由校長擔任召集人，定期管考創新創業教育成效。為了培養學生的能力，也首次在該校的博雅學院開設大一必修課程：「創意思考與問題解決」，分成上、下學期修課，透過跨學院教師共組教師社群，研發共同教材，並以期中競賽及期末競賽，深化學生學習創意及創業思考。為了讓教育與實踐並重，更深化與外部場域的連結，初期與十四個夥伴社區及產業合作，後續增加塗城社區、外埔區全區，每學期設定場域個案，協助社區解決問題，讓學校成為社區的智識庫及人才庫。

上述種種成果，都是修平科大校長與全體師生齊心協力，創造出令人驚豔的能量與活力。因此，該如何為不同個性的孩子，打造適宜的教學現場，是大學必須積極摸索的重要課題，也是無法逃避的責任。

我們需要故鄉學校

每回深思教育現況，心中總有許多無奈。身為父親，看到就讀國小的孩子面對滿桌考卷，心裡總是充滿無奈與沮喪。

傾全力，
挖掘出每個孩子的特質。

這個世界不乏新的教育觀念，但是體制內的教育，仍然停留在工廠般制式化的學習，難以培養孩子面對未來的實戰力。這樣的模式，只是訓練了一批又一批的紙上菁英而已。

大人可以做的，就是為孩子保有體制外的自由生長空間與舞台。我想帶孩子逃離可怕的生活，走出去，放聲大笑，一同欣賞夜晚靜謐的小巷，探索豐富的街區，傾聽孩子大談自己的興趣，以及那些難以啟齒的問題。然而諷刺的是，大人已不再有夢，所以也無法帶著孩子放膽做夢。大人似乎只能嚮往理想的生活、無懼的冒險，以及遙不可及的遠方。

既然無法賦予孩子好的社會，就必須把握孩子仍待在家鄉求學的階段，從國小、國中與高中，就積極展開故鄉人才培育的教育工程。

例如：國小的孩子可以運用桌遊的方式，讓他們了解家鄉的鄰里分布、自然山川、風土人情、飲食文化。

國中的孩子可以了解家鄉的產業發展狀況，對家鄉的農業、傳統製造業、工藝文化產業等，進一步引導啟發他們的想像，這些在地產業如何突破困境？經歷過什麼樣的發展？又是以什麼樣的姿態躍上世界舞台？

高中生或許能以成長過程所積累的生活經驗為基礎，在一份開放的數位地圖上，從家鄉的人口變化、產業變化、人均所得、空氣指標及河川汙染情況等地方發展數據，來思考、討論與分析，未來將如何發展及改變自己的故鄉。

若能讓孩子對家鄉有認同感，當他們選擇大學校系時，或許就有機會選擇相關專業領域，為家鄉帶來嶄新的變革力量。大人要站在孩子的背後，放手讓他們勇敢前進。這就是我們能給孩子最大的祝福。

第八章

小感動，大故事

把話說到對方心坎裡，

讓更多人起而行動。

故事，具有影響力。

無論你在哪個行業，身為創業者，如何帶領團隊、描繪未來願景、激勵員工、引導表現不佳的團隊？或是在一般職場上，對外開拓業務、說服主管或某人支持你的提案？乃至經營社群、網路行銷、開一家小咖啡館、牛肉麵店……。說一個觸動人心的故事，不僅添增個人親和力、說服力，也是成功經營品牌與企業形象的魅力所在。

《傳奇品牌》（*Legendary Brands*）一書作者文生（Laurence Vincent）曾對一群ＭＢＡ學生進行調查，發現要說服別人，用說故事的方式，成效勝於提供研究數據、故事與數據並用、政策宣言等。

尤其，對文化創意產業來說，販賣的往往不是「需要」，而是「想要」。在掌握市場需求外，更要能透過「說故事」來創造需求。具備故事行銷能力，已是創意產業進入市場的基本功課。

小鎮就是地方風土學校

如果把小鎮當作大型社會教育基地，整個鎮就是一所地方風土學校，可培養發掘、解決問題的能力。如能精準掌握，或許就是絕佳的翻轉機會，也會比發展觀光夜市更有意義。

二〇一九年，南投南崗工業區的美上鎂科技公司到竹山舉辦研習參訪活動，員工竟有一百多名！一家擁有上百名員工的科技公司，居然選擇到小鎮旅遊，他們的動機是什麼？有什麼期待？

「台西客運車站的餐廳擠不下一百多個人，為什麼堅持要來？」我好奇的問。董事長楊進昌卻回答：「同樣是辦員工旅遊，支持小鎮創生就是做有益的事。同時還能讓員工用不同視角去體驗，暫時變成社會學家，何樂不為？」一般的員工旅遊，遊樂區、熱門景點可能是首選，哪有人想去沒落的鄉鎮？這個企業的到訪，讓我深切領悟到社會正在改變、滾動著。

那天，幸好竹山里里長曾鈺玥協助安排第一市場里民活動中心，容納來自南投工業區的上百名工作人員，我們就在那裡分享「小鎮文創」的理念。

分享結束之後，我們請所有來訪者拿一朵盛開的鮮花，一起走進竹山鎮的人群之中，請他們將手中的花朵與祝福，送給鎮民。許多老人家收到陌生人送的鮮花，都笑得合不攏嘴。

大家慢慢走，也邊聊天、拍照，到了台西客運車站，手作市集已擺好攤，還有食農教育活動。大家分梯次排好隊，陸續體驗豐富的地方文化。中午在「竹青庭人文空間」用餐，也品嚐「台西冰菓室」的竹筒冰淇淋，欣賞了竹工藝的細緻人文之美。這美好熱絡的氛圍，讓鎮民留下深刻的回憶。

活動在傍晚進入尾聲，大家齊聚車站一樓，分享竹山一日生活心得，講述小鎮帶給他們的強烈感受。過程中，許多造訪者似乎從小鎮的樣貌，回想起自己的家鄉，談得熱淚盈眶，彷彿在內心深處找到遺失很久的寶貴記憶。

美上鎂科技公司到小鎮旅遊（©菊式映像）

在地居民與「小鎮文創」的夥伴，都深深感謝美上鎂科技公司來竹山一日遊，這是給竹山小鎮很好的禮物。

除此之外，還有一個驚喜！「小鎮文創」為了鼓勵更多老人家積極參與地方事務，因此向台北「城東扶輪社」提案，期待藉此振興地方經濟。在黃旭瓘社長、陳明智大哥、陳德齊大哥以及相關扶輪社社友前輩的積極支持與鼓勵，「小鎮文創」入選了國際扶輪「全球獎助金計畫」！於是，我們在台西客運車站啟動老中青三個品牌的創生培育計畫，邀請「品研文創」負責人駱毓芬來指導，讓不同年紀的居民，都能有自己的創作舞台與機會。

「城東扶輪社」集結台灣各地社友到訪竹山，提供許多經驗與資源上的引導與協助，讓在地居民深受鼓舞與感動。

期待各大企業、非營利組織，都能積極發揮社會責任力，關注、照顧鄉鎮與地方的迫切需求；偏鄉小農與青創業者，也該主動學習、了解城市的需求與

城東扶輪社來訪（©菊式映像）

市場標準，為下一階段的蛻變做好準備。在這個斜槓時代，無論是個人或企業，多元發展、主動出擊，才能發揮優勢與影響力，從突破問題中創造機會、從一個機會翻轉出另一個機會。

香蕉人生

因故事行銷而成功打造名店、人氣商品的案例，可說不勝枚舉。有些是主動出擊，透過網路行銷，為自家品牌說出好故事，而得到廣泛支持；有些則是無心插柳，因創業故事觸動心弦，吸引部落客與網友自發性分享、轉傳。無論前者或後者，品牌成功的關鍵，都是強大的故事力。

故事唯有真實，才感人肺腑，禁得起考驗。

在資訊氾濫的時代，網路充滿假議題、假資訊，到處都是猜疑，誰也不相信

押上餘生，尋找真實的自己。

誰。虛構的故事，很容易就被拆穿，一旦失去信任，故事說得再好、行銷手法再強，也是徒勞。真實經驗、真實人生故事，才能引起共鳴。

比如我，用人生寫故事，訴說工作與社會之間的種種，其中蘊含著我的理念、核心價值，以及我對社會的期盼。

故事，是傳達自我、表述自我的媒介。完全不必模仿、不必刻意造作，做你想做、值得做的事，努力不懈，人生故事自然成型，想傳達的生命價值也自在其中。

在高雄，有一位叫王繼維的年輕人，大學時玩樂團，以狂放激昂的 Pop Rock 曲風，唱出年輕的熱血與夢想。由於從小跟父親從事旗山的社區營造，對家鄉有著特別的情感與使命，第一首創作曲〈香蕉他不肥〉幽默詼諧，藉由香蕉的形象，隱喻農村在主流社會中的命運。從此，開啟他以音樂與實際行動來捍衛家鄉的人生旅程。

曾被譽為「香蕉王國」的旗山，因產業沒落、人口外移，風光不再。王繼維一方面參與旗山社區營造，成立「台青蕉香蕉創意團隊」，還組了「台青蕉樂團」，自己種香蕉、也研發香蕉蛋糕，行銷香蕉產業與文化，誓言家鄉需要什麼，就做什麼。

他與弟弟王繼強開了家「台青蕉專賣店」，閒時就坐在店裡彈琴唱歌、賣香蕉與香蕉蛋糕。為保存古蹟而抗爭時，登高一呼，變身成了「敢死隊」；為讓外界知道農村的生活情況，透過音樂創作、發專輯，出外巡迴表演外，還在家鄉辦演唱會，不靠政府經費的「搖旗吶喊 Cishan Rock 音樂節」，每年為旗山帶進上千名國內外遊客。此外，還辦小旅行、志工培訓、老產業的記錄與復興等。

王繼維的激情人生，彈唱著與旗山命脈相銜的香蕉歲月，而旅程峰迴路轉，故事也繼續傳唱。

台青蕉樂團在「wake up 覺醒音樂祭」表演。他們透過音樂創作，傳達家鄉的故事（©台青蕉）

寫好人生腳本

每個人都是自己人生的主角，該怎麼為自己寫腳本？怎麼演出、分享？怎麼訴說你正在做的事？為什麼要做這件事？又如何將這些放在你人生的起承轉合中，詮釋你的理由和目標？投入的過程發生哪些困難和挫折？用什麼方法因應、克服？又從中學習、收穫什麼？……這是我演繹人生的經驗與心法，我從文化、民宿、社區、小鎮，繼而轉化成社會教育、地方創生，在各領域的積累逐漸豐富，我親筆為自己寫下的故事也愈來愈長。

那麼你呢？打算如何寫好自己的人生腳本？

有許多青年朋友過於在乎社會對他們的觀點與評價，因此投入過多心力去滿足他人期待，而沒有把時間投入在自己身上，因而產生困惑，對社會心生不滿。他們總想在短時間內成功，忽略了其實人生還很長，比較難在青春洋溢的階段，就洞悉人生道理。

嘗試進入陌生場域，
鍛鍊從無到有生存下來的能力。

如果，人生目標還不清楚，也許可以暫時先找份有趣、還能接受的工作，然後利用下班或者休假時間，多參與活動、花時間探索自我、練習與陌生人溝通、結識不同領域的朋友，眼界自然而然會打開，路自然愈走愈寬。請務必記得，要為自己結交更多正面積極的朋友，確保人生走向正軌。

不必急，保持正面積極與樂觀，你的人格特質，自然會引導你寫出適合你的人生腳本。

如果性格安靜內向，在職場上比較木訥，也許可以在下班後，學習新的技能，畫畫、打球、廚藝、蠟染、編織、瑜伽……，給予自己新的身分、新的符號、新的舞台。白天，你或許是個保險從業人員，但下班後，可以是業餘畫家、廚師；平常你是會計，假日也許是動物溝通專家、手工皂達人。如果你擁有某項技能，也可以貢獻專業來幫助需要的人……。

以自身專業創生多元價值，豐富人生腳本的方式有千百種。

努力到有機會為止

我國小時曾是學校風雲人物，畢業時拿了縣長獎。到台中讀國中時，卻嚴重適應不良。流氓衝進教室打人，騎腳踏車上學途中被攔下勒索……，很想回家鄉，又怕丟臉，成績嚴重下滑，因此決定重考，蹲補習班一年。那時，覺得自己像邊緣人，人生完全跌到谷底。

大一時，又遇到挫折。有一堂課進行分組作業報告，當我穿著西裝才站上台，還沒開口，台下已笑成一團，連系主任都抿嘴偷笑。主任悄悄指了指自己的手，我才發現自己緊張得全身顫抖、雙拳緊握，頓時滿臉羞紅，失措的抓住手，台下卻笑得更大聲。從此我對上台超級恐懼，往後的分組作業報告，只要不必上台，即使所有報告都由我來做，我也甘願。

那樣的我，在大二時，偶然發現一座破舊不堪的百年老屋，一個聲音在心中不斷激勵自己，更萌發想要保存地方文化的念頭。

處在低谷，就要抓住奮力一搏的機會，那是人性的價值與光輝所在。

為了做好想做的事，我開始積極找各種資料、大量閱讀、選修其他系所的課、聽各種演講。過程中也曾經歷許多挫折與迷惘。但我告訴自己：「沒關係，慢慢來，把內心嚮往的事情，努力到有機會為止。」

我給自己時間調整，不斷自我訓練，透過實際作為，慢慢找回自信。現在，即使在四、五萬人面前演講，我也不會怯場。

故事力，就是人生實力

抓到一個能走出去的價值點，持續不斷往前走，路，就會愈來愈寬。

一開始，我把重修百年老屋的過程拍成紀錄片，之後辦任何活動，也是盡量將過程記錄下來。政府沒有給我錢，但我還是要做影片，因為我希望更多人了解我在做什麼、為什麼做這件事。後來反而是政府單位希望播放這些影片。難道政府要免費幫我行銷？不是的！當你做出成績，做出他們關心的、想宣導的、有益發展的，他們就主動來找你。這也是我一直強調的：「當你創造出被社會需要的價值，機會也隨之而來。」

你必須務實。但務實不是現實，不是斤斤計較於所學、所做的事，是否能立即帶來好處。價值需要時間累積，並非拿到某科系文憑、學會某行業的技能，就只能從這項專業切入。每個人不同時期的學習和經驗，都可能在日後發揮價值。

從小，你或許很會畫畫、寫作文，學過鋼琴、武術，這些過程，無形中都在累積著某些基礎能力。例如：學過作文，增強了用字遣詞、溝通能力；學過畫畫，提升了色彩美感，展現於日後的穿著打扮上。學過音樂、玩過社團，甚至很會踢毽子、玩溜溜球，當你嘗試努力做好一件事，就是在累積價值，絕不會白費力氣。這些曾讓我們厭惡的才藝補習，那些日復一日帶給童年的痛苦，居然在長大成人之後，成為人生中最好的陪伴。

中年返鄉的遊子人生

竹山小鎮有一位黃建達先生，曾在台北圓環烤了十五年玉米。他的招牌是「懷山石」。多年前，我在台北演講時，他特別趕來聆聽，支持同鄉在台北講竹山的故事。演講結束後，他前來與我交換名片，跟我訴說竹山的點點滴滴，我感受到他對家鄉的思念與期待。沒多久，他毅然決然離開台北，回到朝思暮想的故鄉。

現已年過半百的黃建達先生，在竹山成立了「懷山石工坊」，進行竹藝術創作。他透過水墨創作，屏氣凝神、一筆一畫，將山水脈絡與神韻手繪於竹片上。看著他創作，我領悟到，這雙烤玉米烤了十幾年的手，創造的不只是美味，還傳達了藝術之美。他的作品細膩得讓人嘆為觀止。

因此，台西客運車站一樓要成立「台西冰菓室」時，我便邀請他來幫忙。長年旅外的遊子，在這座竹山最老車站，與來往的旅客交流。滿懷理想的竹山青年，轉眼已邁入中年，彷彿回到母親懷抱，感受著熟悉的氣息，散發出渾然天成的身心安定，這是車站美麗的畫面、是車站的福氣，也是竹山的福氣，更是每個人的福氣。

我與黃建達先生從朋友，也變成了夥伴。我在竹山做的大小事情，幾乎都有他的長期支持和鼓勵。

竹工藝經驗傳承

一年多前，黃建達先生與竹雕藝術家蘇保宏老師，一起承租台西客運車站旁一間鐵皮屋。蘇保宏老師經常到這裡來與我們交流，他是深具潛力與天分的竹山中生代竹工藝家，在竹雕技藝領域獲獎無數。他們將這個空間取名為「築山城竹藝工坊」，希望集合竹山工藝家的力量，傳承經驗，打造教育與創作平台。

蘇保宏（上），黃建達（左），與我。他們將鐵皮屋打造為令人驚豔的空間

閒置多年的鐵皮屋，在他們兩位及許多有志之士號召下，歷經了一年的艱辛挑戰，終於讓破敗空間蛻變成為令人眼睛一亮的場域。

然而，隱藏在小巷子裡的鐵皮屋，究竟如何彰顯存在的意義呢？蘇保宏老師鼓勵大家，在空間演繹的過程當中，可透過社區，集合眾人力量參與，體現凝聚的意志。

於是，透過「小鎮文創」與逢甲大學的合作計畫，我們邀請中國大陸以及香港、澳門的大學生，一起學習竹山竹編技術，共同完成鐵皮屋竹編牆面工作。至今，大家的簽名都還留在牆面上，每次經過，都會讓我回想起當時的場景。即使在悶熱的天氣裡，大家依然快樂的完成工作，那樣的喜悅與期待，至今仍深深刻印在我的心中。

這一年，我看著隱藏在小巷中的鐵皮屋，從外觀改造到內部空間美化，緊接著開始規劃竹工藝教學課程，同時也邀請更多竹編老師進行活動策展。年已半百的遊子，依然懷抱著理想，直率的傳遞自己的生活方式，聽從內心想法努力前進，在在讓我們看見竹山人對未來的無限想像。地方人物的坦然作為與人生，總強烈的吸引著我，或許是我們心靈親近，因此更能產生共鳴。

勇敢中年的農業理想

鄉鎮的農業，一直堅強又溫柔的在地方上努力著，對於農業抱持理想的人，我都充滿無比的敬意。籌備台西客運車站一樓「小鎮農春販賣鋪」的時候，我認識了林承陽先生。當時，有蘇鑨琪大姊、陳儀龍先生、陳勲榮先生以及林承陽先生四位友善農夫參加，他們分別在地瓜、茶葉、筍子與小玉米有豐富的種植經驗。二〇一八年開始，我們進行許多輔導課程，以資源連結及店鋪實作的方式頻繁交流，讓大家慢慢接觸、認識農業領域。

有一次，林承陽先生問我：「培鈞，你下一次在哪裡演講？我有機會到現場觀摩嗎？」這是第一次有竹山農友主動提出這樣的要求，我還有點疑惑時，他又補充：「我想了解你是用什麼樣的表達方式，才吸引那麼多人來訪竹山台西客運車站。」我總以為竹山農友都把全副精神聚焦於種植與生產，在銷售與推廣方面相對被動。因此，我馬上答應他。

某一次的演講當天，我開車載他一同前往，路上閒聊，才知道林承陽先生過去是台中傳統製造產業的老闆，事業相當順利。因為考量媽媽年紀大了，於是毅然決然回到竹山陪伴媽媽，同時開始務農。

當然，身為企業家，這絕非是衝動魯莽的決定。他深受台中「樹合苑」創辦人陳孟凱的農業理念與友善飲食觀念影響，且常參加陳孟凱老師舉辦的課程與活動。經過長期的學習與籌備，這應該是他水到渠成的人生階段。

可以說林承陽先生是努力學習如何成為農夫的企業家，他用商業思維考量竹山友善農業的未來。

世上最幸福的事，就是你熱愛工作，而工作也非常適合你。

友善食材的耕種計畫

近期，大家更一起規劃「足安心社區支持型農業－蔬果箱」，邀請竹山家庭將每個月的飲料錢省下來，轉為一年預繳一萬五千元的年費，用來鼓勵竹山農友，讓他們採取友善自然環境的方式耕作。當然，年費預繳方案也分不同費用與級距，以互惠互利的精神，推動友善食材的耕種計畫。

從社區食農教育的推廣中，能讓地方上的家長意識到，想讓孩子吃健康食物，就必須改變現有的消費習慣。當然，改變並不是一蹴可幾，因此要結合市集活動宣導，讓生產者與消費者有更多的互動與溝通。如何形塑竹山家庭食農教育文化，是我們關注的重點。

很快的，第一期就招募了三十幾個竹山家庭報名。成功大學邵揮洲老師、台北教育大學郭壽旺老師的支持，都讓人非常感動。林承陽先生一家一戶拜訪，宣揚理念，許多朋友慷慨解囊、大方支持這個計畫，他也親自去道謝。

這些家庭願意在還沒看到農產品之前，就將一年費用墊付出來，那是多麼可貴、多麼令人感激的信任、支持與期待。

很難想像，一位掌管上億營收的企業家，願意回到家鄉，實現熱愛鄉土、守護農業的初衷。現在林承陽先生已開始受邀到學校分享經驗，也有大學到他的農場參訪、體驗，為竹山農業民間學校的未來，開啟了一線曙光。

他告訴我：「從事友善環境耕作是件非常辛苦的事。但如果能夠體認到，因為有了永續環境、無限生命理念的支持，就會覺得這一切都值得了。」

放手去做，別擔心搞砸

經常有人問我：「如何讓別人看見你的努力？」在我回覆這個問題之前，總是會先提醒大家：方法很多，但是，你得先學著不要在乎他人對你的眼光與

足安心蔬果箱，讓孩子吃得健康

不要被流言蜚語擊倒，
也不要被甜言蜜語迷惑。

評價。難道事情進展不如預期，或者是受到家人朋友的批評與負面觀感，就要放棄嗎？如果一點負評就放棄、退縮，那你是真正在努力的那個人嗎？顯然不是。

務必回到自我內心的追求，包容周遭不同觀點。請記得，能夠設定自己的目標，用一生時間去追求、去實現，才是值得我們致敬的人生態度。

我在創業初期，也曾苦惱沒有機會被看見。但與其坐等機會，不如自告奮勇、主動出擊。於是，我開始向各方毛遂自薦，爭取演講機會。

我的第一場演講是在虎尾科技大學，當校方回覆願意請我去演講時，我卻緊張得要命。我從未在大學課堂上演講，腦中冒出許多想像，擔心自己變成大學生討厭的講師，擔心學生怎麼看我，擔心應該說什麼話才能讓大家開心、跟我互動，擔心服裝、舉止、簡報呈現，甚至擔心表現不好而影響民宿的形象。各種負面想像，讓我後悔到大學演講的決定。

那是個炎熱的夏天，教室裡只有吊扇，一大群學生在熱烘烘的教室中顯得十分不耐。上台前我已滿身大汗，可想而知，整堂課只能用慘不忍睹四字形容。如果演講當天有錄影，我相信一定可以成為超級勵志片。那次失敗的校園演講，徹底讓我看見自己的缺點，我沒跟老師領取演講費，拚命跟老師表達抱歉之意，就匆忙回到車上，只想挖個地洞與世界隔絕。

這時，腦海中忽然浮現了一個想法：原來這就是最狼狽的狀態，我已經歷了演講的最低谷了，沒必要再害怕與恐懼了呀。我必須讓這次慘痛教訓，成為翻身的起點！

把話說到對方心坎裡

我需要大量練習，矯正自己的問題，於是，只要有企業、學校邀請，我就鼓勵自己去演講、去累積經驗。夜裡，哪怕民宿只有一個客人，我也會放影片

當你已經歷了最壞的情況，
剩下的就是全力以赴的拼命到底。

講故事。就這樣，不斷的講、反覆的講、修正後再講，雖然挫折很多，甚至有人會質疑、挑戰、無禮的對待，但這是絕佳的機會，不僅能有效率的矯正自己的缺點，也讓我從中學習說故事的能力。

但最重要的，還是事情的本質。或許有人會問：該怎麼把故事講得豐富、深遠？其實關鍵就在於「向誰說、怎麼說」。真實的人生故事可以拆解出不同面向，受邀到不同企業、不同政府部會演講，各單位關心的主題、抱持的期待，都可能不同。因此，針對受眾調整切入角度，才能給對方有益的內容。

國內許多保險、直銷企業，例如富邦人壽、宏泰人壽、中國人壽、安麗、Nu Skin 等，都曾邀我去進行企業交流，很多人聽完都熱血沸騰、反應熱絡，因此願意前往竹山鎮上旅遊、住宿、吃飯、消費，用行動表達支持。這是因為竹山小鎮的經營故事精采，所以行銷成功嗎？不，重要的是，掌握事件背後的本質，那種不隨波逐流、專注自我領域的探索與省思，才是能與企業產生共鳴之處。

曾有金融保險人員問到，該如何透過ＦＢ故事行銷達成業績。我的回答是：「你的故事行銷，主要是以推銷保險為先，或是以幫助別人、得到信任為首？」因此我建議，保險人員若把協助客戶度過難關的故事呈現在ＦＢ，就能發揮感動人心的力量。

保險的本質，就是協助客戶分擔風險，意外發生時，將傷害降到最低。不用刻意推銷，只要真心服務、真心友善社會，當你真心幫助一個人，此後，他的保單，甚至他親朋好友的保單，可能都是你的。試想，當一個保險員號召群眾，幫助二十個原民部落，如此熱血的真實故事，是否會讓他與其他保險員顯得十分不同呢？

掌握事件的本質，就能在對談之間，將價值延伸到對方的心坎裡。

當我們渴望把竹山竹林種在冰淇淋上，追求的是讓竹子重返日常生活。乍看之下，這個目標或許很微小、不切實際，但是當我們身體力行，就能喚起眾人，千里迢迢到「台西冰菓室」吃碗竹筒冰淇淋。是因為言詞或文筆特別優美嗎？其實不是。力量源自於行動，我們守護大鞍山竹林，讓竹產業發展、賣出小農產品、帶動竹山地方創生，將核心價值轉化為民眾能懂、能接受、能獲得感動的商業模式。不必刻意雕琢文辭，故事行銷的動能與感染力，自在其中。

若你已經著手進行一件有價值的事，何不勇於走出去，讓更多人知道，起而行動，故事就上路了。

第九章

從亞洲看地方

走出在地，

開闊視野與格局。

我非常熱愛我的工作，所以我的人生，多半是樂觀積極的。其實，只要解決現實中的難題，生活就能平淡而幸福的持續下去。為了要擁有這樣的日子，我就要努力讓自己具備這樣的能力。因此，用一生時間發揚生命意義，一路走來了無遺憾，就是我追求的目標。

三年前，我第一次受邀到北京大學，分享我的經驗。大家對台灣鄉村振興經驗印象深刻。後來，我便密集受邀到訪南京大學、長江商學院、廈門大學等重點學校，進行各種形式的互動。

近幾年來，中國政府積極從「特色小鎮政策」，進入「美麗鄉村政策」，再延伸到現在的「鄉村振興政策」等，可能是這些政策與我們在竹山十五年來的工作經驗有關，於是不斷收到對岸民間企業各種論壇峰會的邀請。短短一兩年時間，我從中國大陸沿岸大型城市，到偏遠荒蕪的鄉村，累積大量寶貴見聞。於是我試著從對岸政府到民間的各種做法、思維與立場，拼湊出我對中國大陸發展的粗淺認識。

中國大陸的兩岸示範項目

我第一個參與的項目在湖南常德。有一位來自四川的冶青老師，她曾到「小鎮文創」短期換宿，近距離觀察我們在鎮上所做的一切。她回北京後，就離開了原有工作，轉而參與湖南「桃花源風景區」的大型項目策畫工作。或許是當年看到我們不計代價的投入，讓她留下深刻印象，因此誠摯邀請我們參與保留社區價值的示範項目策畫。

這個計畫涵蓋的面積約二十一公頃土地，目的是保存修復圍繞在五柳湖沿岸數十棟不同年代的民宅，同時鼓勵居民參與地方社區重建工作。我、雲林科技大學張文山老師、「水牛建築師事務所」建築師陳永興，以及「品研文創」負責人駱毓芬，將各自的團隊聯合起來，展開這場跨越海峽兩岸的合作。

台灣在大型複合式項目上有相當局限，這樣的經驗很難得，因此我們非常珍惜這次合作機會。

那時，湖南常德天候嚴寒濕冷，每天在工地工作真是非常煎熬。十個多月的工作期，每個工地幾乎都是上百人在拚命的工作，機器的轟隆聲從白天到深夜都不停歇。那樣如火如荼的拚命趕工，瀰漫著使命必達的氣勢。

我們帶著台灣小而美的工作習慣，進入中國大陸大型項目當中，難免格格不入、水土不服。深夜，我經常在工地寢室中深思，這樣的工作方式，對於個人、對於社會、對於世界，是合乎常理的嗎？然而，每當心中的定見快要浮現，我總擔心自己過於自大。我再次提醒自己，不能將台灣的既定思考，套用在中國大陸的發展中。畢竟，十多億人口所面對的發展挑戰與極限，已遠超越我們的想像。

我必須從不同角度思考：在中國大陸大型規模的項目特性中，有哪些是值得台灣學習的？為何中國大陸的團隊，擁有在極短時間內快速分析與規劃大型項目的策畫能力？其中的邏輯、思考與系統究竟為何？台灣小而美的發展經驗，是否能在中國大陸大型項目策畫工作中，扮演更重要及美好的角色？

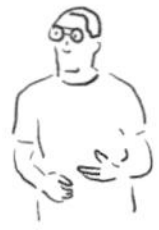

於是，我慢慢找到兩岸之間互補互助、互相融合的交會點。這對我實務經驗上的養成與蛻變，是非常關鍵的階段。我從「小而美」的既有基礎中，透過「廣而豐」的工作場域特質，開闊了視野與格局。

二〇一九年，廣東順德廣域集團的陳浩然董事長，帶領許多當地企業家參訪竹山小鎮，我們也分享了小鎮的振興經驗。那次的分享，奠定日後南投竹山與廣東順德之間的交流基礎。很快的，我與陳永興建築師受邀到廣東順德參加兩岸鄉村振興論壇。短短三天兩夜的交流，除了看見廣東朋友務實友善與親切的作風外，也了解到順德有「世界美食之都」的美譽，真是名副其實。當地的民情、風俗與待人處世之道，都與台灣非常接近，我們非常喜歡廣東順德這個城市。

廣域集團進行好幾個鄉村振興項目，我們首先訪問羅定茶榕村，當地鄉村將自然樣貌保存得非常完整。村北為丘陵耕地，土壤肥沃；南有豐富的喀斯特地形，展現令人印象深刻的獨特地貌。這裡地下水源充足，長年青山綠水，地方上多是健康長壽的老人家，與世無爭的安靜生活於此。我們吃的當地家常菜，蔬菜、雞肉與水果都鮮肥美味，我心裡默默想著，這個村子應該擁有人世間最好的食材。那樣的美好生活樣貌，激起我與陳永興建築師心中的理想與抱負，希望能更進一步還原這個鄉村的樣貌。

我們無法確定過程中會遭遇什麼樣的困難，但讓眼前美好的鄉村風貌，更有自信的存在於現代社會，是我們極願付出與努力的。我們期待，與茶榕村鄉村振興項目能進入長期合作，將這裡提升為兩岸鄉村振興場域，以永續存續的遠大理念與目標，打造一個人人心所嚮往的亞洲農村示範項目。

馬來西亞南向豐華之路

馬來西亞在我們的印象中，是什麼樣子？以前，我可能會說：「馬來西亞……應該就是台灣南邊的國家，很熱，去旅遊應該不錯。」現在回想起來，真是

廣東茶蓉村

感到非常汗顏。而與卓衍豪相識，則讓我對馬來西亞有不同的認識。

有一年，我在吉隆坡有場演講，卓衍豪就靜靜坐在聽眾席裡，一頭白髮特別顯眼。他在《星洲日報》工作十多年，擔任過電視台行腳節目主持人，也是暢銷深度旅遊作家。演講結束之後，有人告訴我，卓衍豪在馬來西亞是知名的媒體人。

回到台灣後，朋友透過FB向我介紹卓衍豪，認為我應將台灣經驗延伸到馬來西亞。那次到馬來西亞，我被馬來人、印度人與華人相互融合激盪出的美食魅力所征服，但對馬來西亞的認知，卻是陌生大於期許。

在FB上認識後不久，卓衍豪與寶珠夫婦就到竹山來訪。我跟他們分享多年來在竹山進行的地方創生工作經驗，也把台灣各地相關領域朋友介紹給他。行程結束後，他們回馬來西亞不久，便邀請我到馬來西亞巡迴演講。因為馬來西亞有很多華人，同時也認同中華文化的理念與價值，因此我很快就再次

與其改善缺點，
不如加強展現自己的優點。

前往馬來西亞。巡迴演講為期四天三夜，從吉隆坡、麻坡、居鑾到怡保，每天都安排三場活動，場場座無虛席，期間還安排《星洲日報》的專訪以及廣播電台節目錄製，天天都在高速公路上飛奔，拚命趕場。

如此長途的連續奔波，在台灣幾乎是不可能出現的。這樣的工作節奏，雖然讓我承受巨大壓力，但想到可以一起探尋台灣與馬來西亞的合作、為亞洲貢獻一份善意的心力，內心是無比雀躍激動的。如何汲取台灣與馬來西亞各自的優勢，創造出互補空間，是值得我們這個世代共同努力的。

馬來西亞種族多元，彼此間卻能互相尊重，讓人敬佩。透過他們的服裝、食物、建築與信仰習俗，就能清楚理解多元種族之間的文化差異。但台灣的原住民文化被強勢的漢文化壓抑，已瀕臨消逝殆盡的窘境。

如果更能觀察欣賞他人優勢、彌補自己的不足，積極學習海外的優點，將有助台灣未來在亞洲發展得更好，也更能打開心胸，為邁向世界做準備。

卓衍豪在怡保的地方創生節上分享經驗

回到台灣後，我們決定在馬來西亞合資成立「台馬地方創生公司」（PLAB），期待台灣與馬來西亞在地方創生議題上，產生更緊密的連結與合作。我們在怡保籌辦地方創生節，吸引上千人的參與與關注，現階段正在台灣整合產學研資源與經驗，希望長期深耕怡保，創造出值得亞洲關注的台馬創生社會實踐個案。

當然，另一方面，馬來西亞團隊也從他們所累積的視野，給我們在南投竹山的實務工作注入更多元豐富的觀點與意見。一座人口不到五萬的小鎮，卻能獲得南向國際參與及交流的機會，我們都非常珍惜。

來自日本的關懷與期許

台灣與日本之間的交流，本來就相當熱絡，日常生活中也經常看得見日本文化。可以說台灣許多發展脈絡，都以日本經驗為鑑。我與太太曾多次到日本旅行，從城市到鄉村，幾乎處處充滿細膩與深刻的生活感動，總讓造訪者一次又一次的誠心讚嘆。兩相對照之下，往往讓人看到台灣許多不足之處，而感到沮喪與悲傷。年紀稍長之後，我反而覺得，若能擴大心胸來看，那些不足，或許也正是台灣的可愛之處。

二〇一九年，台中「薰衣草森林」、苗栗「勤美學」與竹山「小鎮文創」三家公司攜手打造了一套研學教育體驗行程，並邀請旅行社與相關顧問專家來指導。來自橫濱的松村動老師，在聽完我的理念之後，舉起手來，想發表心裡的感受。

在此之前，我不知道他出生於台灣，但在日本長大，因為他中文還說得很好。原來他大半人生都在日本度過，且在日本的華航工作三十幾年。然而，他說台灣才是他真正的故鄉。他認為，台灣彷彿是日本的原形，那種人與人之間的友善、認真與隨和的美德，在日本快速發展的過程中，似乎已愈來愈少見。他在台灣，看見日本亟需積極喚回的力量。

松村勳老師說，台灣才是他真正的故鄉

從現實生活看人生，與從亞洲視野觀察，
準備的強度、前進的態度，是截然不同的。

松村動老師說，台灣民間的振興意識讓他非常感動，雖然經歷很多挫折與考驗，仍充滿正面積極的態度，因此飽受九二一地震蹂躪的小鎮，能開創一番屬於自己的事業，這樣的台灣精神，正是大家需要的力量。他熱淚盈眶的說，他非常高興能在生活數十年的家鄉台灣，看到這樣的實際作為，展現出高度的意志與態度。並詢問是否有機會邀請我去橫濱，啟動雙方的合作與交流。

當下我腦海一片空白，只能不斷感激他的肯定與鼓勵。他常告訴我：從日本人的角度看台灣人，台灣人不是「隨便」而是「隨和」；從台灣人的立場看日本人，日本人不是「龜毛」而是「嚴謹」。台日之間若能多欣賞彼此的優點，將能讓兩個社會獲得更多提升與成長。看到他發自內心，微笑的說著這樣的話語，我感覺他應該是台灣人，不是日本人。

踩線活動結束後，松村動老師回到橫濱，我們的交流愈來愈密切。今年，我們即將在日本成立「台日橫濱專案辦公室」，開始將日本經驗融入亞洲創生領域之中。

期間也意外發現，松村勳老師在橫濱新招募的台灣同事林小姐，居然是多年前台灣大學城鄉所到竹山專長換宿的研究生，對竹山經驗有深刻淵源及體會。茫茫人海中，松村勳老師、我與林小姐之間巧妙的緣分，多年前在竹山小鎮早已埋下了伏筆。

最近，日本橫濱開始與地方政府、研究單位與相關組織，介紹竹山「小鎮文創」區塊鏈的社區、學區、地區與街區的多元解決方案。而將中國大陸、日本、馬來西亞與台灣聯合起來，為亞洲帶來更多新的發展，正是我們這個世代要積極努力的方向。

從亞洲回看台灣

台灣早期因為經濟起飛，我們的上一代透過一個皮箱，用經濟連結世界。後來經濟發展成熟，我們卻愈來愈少從亞洲的高度，來看地方的格局。

近幾年來，我密切在亞洲各地推動創生工作，從中發現了這片美好人生風景。今年，我已四十一歲，從二十六歲退伍，舉債千萬修復古厝創業，至今邁入第十五個年頭，從青年熱血創業階段，邁入了中年大叔的世故情懷。人生愈往前，愈發現被社會所照顧的、庇蔭的、幫助的，竟然那麼多，內心仍深切自我期許，一定要不負社會所託。

我從這樣的人生視野發現：從竹山小鎮出發，再從亞洲回看台灣土地，這樣的視野好美。我想帶更多地方上的孩子，去看看那片風景，讓他們永遠難忘。我能夠平順安心的走到今天，還懷抱著赤子之心、擁抱如此自私的白日夢，都是因為家人朋友默默給予我長期的支持、包容與體諒。

不過，能在這個人生階段，在這本書中暢談著自以為是的見解與觀點，確實有一點難為情，卻又倍感幸福。

國家圖書館出版品預行編目（CIP）資料

你想活出怎樣的小鎮？：何培鈞的九個創生觀點／何培鈞，楊麗玲著. -- 第一版. -- 臺北市：遠見天下文化, 2020.07
面；　公分. --（工作生活；BWL079）
ISBN 978-986-5535-41-4（平裝）

1. 產業政策　2. 創意　3. 創業

552.33　　109010366

工作生活 BWL079A

你想活出怎樣的小鎮？

何培鈞的九個創生觀點

作者 — 何培鈞、楊麗玲

總編輯 — 吳佩穎
責任編輯 — 陳怡琳
協力編輯 — 黃麗瑾
校對 — 魏秋綢
美術設計、封面繪圖 — BIANCO TSAI
內頁排版 — 張靜怡、楊仕堯

出版者 — 遠見天下文化出版股份有限公司
創辦人 — 高希均、王力行
遠見・天下文化 事業群榮譽董事長 — 高希均
遠見・天下文化 事業群董事長 — 王力行
天下文化社長 — 林天來
國際事務開發部兼版權中心總監 — 潘欣
法律顧問 — 理律法律事務所陳長文律師
著作權顧問 — 魏啟翔律師
社址 — 臺北市 104 松江路 93 巷 1 號

讀者服務專線 — (02) 2662-0012 ｜傳真 — (02) 2662-0007；(02) 2662-0009
電子郵件信箱 — cwpc@cwgv.com.tw
直接郵撥帳號 — 1326703-6 號　遠見天下文化出版股份有限公司

製版廠 — 中原造像股份有限公司
印刷廠 — 中原造像股份有限公司
裝訂廠 — 中原造像股份有限公司
登記證 — 局版台業字第 2517 號
總經銷 — 大和書報圖書股份有限公司 電話／ (02) 8990-2588
出版日期 — 2020 年 7 月 29 日第一版第 1 次印行
2024 年 1 月 12 日第二版第 1 次印行
定價 — NT 420 元
4713510944233
書號 — BWL079A
天下文化官網 — bookzone.cwgv.com.tw